传　媒　与　文　化　书　系

城市数字创意产业竞争力比较研究

郭　嘉◎著

CUCP 中国传媒大学出版社
·北京·

图书在版编目(CIP)数据

城市数字创意产业竞争力比较研究/郭嘉著.--北京:中国传媒大学出版社,2022.8
ISBN 978-7-5657-3222-5

Ⅰ.①城… Ⅱ.①郭… Ⅲ.①文化产业-竞争力-研究-中国 Ⅳ.①G124

中国版本图书馆 CIP 数据核字(2022)第 111222 号

城市数字创意产业竞争力比较研究

CHENGSHI SHUZI CHUANGYI CHANYE JINGZHENGLI BIJIAO YANJIU

著　　者	郭　嘉
策划编辑	唐　颖
责任编辑	唐　颖
特约编辑	李明远
封面设计	拓美设计
责任印制	李志鹏

出版发行	中国传媒大学出版社		
社　　址	北京市朝阳区定福庄东街 1 号	**邮　　编**	100024
电　　话	86-10-65450528　65450532	**传　　真**	65779405
网　　址	http://cucp.cuc.edu.cn		
经　　销	全国新华书店		

印　　刷	唐山玺诚印务有限公司
开　　本	710mm×1000mm　1/16
印　　张	13.75
字　　数	207 千字
版　　次	2022 年 8 月第 1 版
印　　次	2022 年 8 月第 1 次印刷

书　　号	ISBN 978-7-5657-3222-5/G・3222	**定　　价**	69.00 元

本社法律顾问:北京嘉润律师事务所　郭建平

序 一

学生邀我作序，内心倍感欣慰。初识郭嘉，她刚到国家行政学院读我的博士后。彼时，文化产业的数字化发展趋势渐已成形，但相关学术研究特别是城市数字创意产业竞争力方面的研究尚存在空白。当时，我们承担了一项课题研究，任务就是对中心城市数字创意产业竞争力状况做一个客观分析。我建议郭嘉以此为方向，作为博士后阶段的研究内容，对此，她也表现出了极高的热情。拓荒之业实属不易，功夫不负有心人，凭借几年来的勤奋刻苦和深入探索，她在这一新的研究领域取得了不错的进展，并将成果结集成书。

长久以来，文化产业竞争力都是学界关注的重要议题。早在2004年，我于《中国文化产业国际竞争力报告》一书中，便运用钻石模型设计了文化产业竞争力的评价指标体系，进行国内外文化产业竞争力的横向比较。这本书算是国内较早进行文化产业竞争力研究的学术专著。这种基于比较视野的文化产业竞争力研究，能够帮助人们窥探产业发展全貌，认清不同发展模式的长处和短板，从而起到拓展视野、借鉴交流的作用。

时至今日，数字创意产业竞争力成为衡量一个城市综合实力的重要指标。数字创意产业集创意、技术、人才等高端要素于一体，为城市带来强劲的经济增长动力和文化发展活力。从主要城市发布的信息看，北京、上海、广州等城市都信心满满，认为自己是中国数字创意产业的领头羊。那么，在我国一线城市中，数字创意产业发展情况究竟如何，哪些城市处于领先地位，这是业界都非常感兴趣、也是研究界需要弄清楚的话题。

郭嘉的这本专著是以城市数字创意产业竞争力评价为主线,以层次模型作为理论基础,搭建起由产业状况、营商环境和企业效益三要素构成的城市数字创意产业竞争力评价模型,具有一定的创新性。研究运用熵权法来确定三大要素中各自的指标权重,计算出各要素的城市排序,最后形成城市数字创意产业竞争力的综合排名。除了量化评价以外,她还结合大量的数据和案例,分析各城市数字创意产业的发展现状,总结它们在发展过程中表现出来的成效和问题,最后再针对每一个城市的现有问题提出政策建议,因此具有较强的客观性和科学性。

本书突破了传统产业竞争力的分析框架,围绕城市数字创意产业竞争力提出一系列颇具新意的观点,对于我们认识数字创意产业具有一定启发性。第一,头部数字创意企业很大程度上决定着城市数字创意产业竞争力的大小。实证数据表明,腾讯、阿里、百度这样的头部企业对于其所在城市数字创意产业的产业规模、营业收入和社会影响等方面贡献突出,同时这些企业也辐射带动了周边中小企业的发展。第二,城市数字创意产业竞争力既要关注经济竞争力还要关注社会影响力。区别于一般企业类型,数字创意企业归根结底还是文化企业,提供的是精神文化产品,满足的是精神文化需求,因此,产业竞争力要凸显出其文化属性和社会效益。第三,深耕数字创意产业细分领域有"星火燎原"之效。以上海市为例,有赖于哔哩哔哩、阅文集团、喜马拉雅等特色数字创意企业,其在网络直播、网络文学、数字音频等细分领域都具有举足轻重的地位,从而表现出强劲的数字创意产业竞争力。第四,在当代社会,城市之间的竞争,在很大程度上是软环境的竞争,软环境状况决定着城市的吸引力和未来发展。

随着数字技术的集成创新和应用,元宇宙、NFT、数字虚拟人等新兴文化形态不断涌现,无不预示着未来文化生活的颠覆性变化。数字创意产业集文化与技术于一体,在经济社会发展、文化观念演变和国际市场竞争中的角色愈发重要,是大势,亦是大局。如何引导数字创意产业步入健康发展轨道,摆在我们面前的是全新的经验,需要社会各界的共同探索。在此,郭嘉及其团队做出了自己的一份贡献。本书对把握我国各主要城市的数字创意产业发展情况具有一定的参考价值，有助于增进数字创意产业从业者和文化管理部门对我国数字创意产业的认识和把握，值得读者仔细研读。

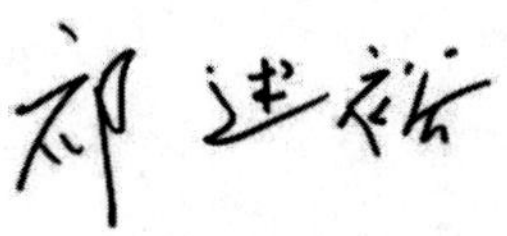

2022年7月

于长春桥6号

序 二

2012年秋天，新学年伊始，首都师范大学文学院文化产业教研室，迎来了第五位成员——刚刚从北京大学毕业的郭嘉博士。郭嘉师从北京大学新闻传播学院陈刚教授，专攻广告学专业。当时的首都师大文学院文化产业专业建系也才短短七年，正值事业快速发展、人手短缺之际，郭嘉的加盟，缓解了燃眉之急。

今天，我们已经进入新世纪第三个十年。不必感叹时光飞逝，只要回头看看我们的奋力前行留下了怎样的足迹，就能够感到充实和欣慰。仅就首都师大小小的文化产业系来说，已由最初忐忑不安的办学尝试，发展成为国内高校文化产业专业与学科领域知名的科研教学实体，为国家培养输送了数以百计的文化创意产业人才。在此过程中，青年教师伴随事业的进步而成长，愈加成熟而自信。在这十年里，郭嘉已由刚入职的青年博士，成长为独当一面的骨干教师、副教授。她勇挑重担，乐于奉献，在担任专业负责人、系主任的两年时间里，带领老师积极申报国家“双一流”专业，取得了可喜的成果。

值得一提的是，2018年，郭嘉副教授进入中共中央党校（国家行政学院）博士后科研流动站，在祁述裕教授的指导下，深入研究我国文化创意产业与公共文化服务等领域的焦点热点问题。通过博士后阶段的研究，郭嘉的治学视角由广告学拓展到更为宽广的都市文化领域。我们现在看到的这本著作，就是她这个阶段的研究成果。

数字创意产业不同于传统文化产业，它伴随信息社会数字化时代的降临而异军突起，在打乱、重组、融合原有业态的同时，创造了新的丰富多彩的产业生态，从而极大地推动了文化与经济的发展。通过本书我们可以看到，数字创意产业与都市社会之间密切的血缘关系。在某种意义上，可以说，正是现代化大都市孕育、催生了数字创意产业。反过来，数字创意产业的发展，改造并重塑了都市的文化面貌和经济形态。

2002 年，我在《小资情调》那本小书里谈到都市化的时候曾经说过："聚集和趋附是每时每刻发生在大都会的悲剧和喜剧，是城市文明诞生的机制。""城市就像是丑陋而硕大无比的史前巨兽，就像是宇宙中的神秘黑洞，它不加分别地吞噬掉一切试图靠近它的东西，让你在它的温暖的带有刺激性的胃液中消失。无论是神秘莫测的贵族，还是困苦中的城市打工者；无论是高级白领，还是特立独行者，都服从于这种聚集和趋附，任谁都难以摆脱现代城市的这种巨大魔力。"现在回过头来看，当时我所说的"聚集"与"趋附"不正是我们如今所说的一线城市或者超大型都市这二十年发生的事情吗？

在《城市数字创意产业竞争力比较研究》一书中，郭嘉的研究视野聚焦于北京、上海、广州、深圳、杭州、南京、成都这七个大城市，郭嘉说："数字创意产业具有天然的要素集聚特征，其生产过程需要创意、技术、数据、人才等多种高级要素。由于城市的生产力比较发达、基础设施较为完善，高级生产要素大都集聚于大都市。"这就从一个独特的角度，揭示了我国近二十年来都市化进程加速的动因和结果。数字创意产业本身具有"天然的要素集聚特征"，这些"要素"也只有那些大都市才能集中批量供给，因此，可以说数字创意产业是都市化的加速器。数字创意产业越发达，都市化水平和质量就越高；反之，都市化水平和质量越高，数字创意产业就越发达。

从数字创意产业竞争力来看，这七个城市各有所长，也各有所短。作为城市建设与发展的规划者、领导者，数字创意产业的企业家，知己知彼是十分重要的。只有如此，数字创意产业才能在竞争中变得更强、更好。数字创意产业竞争力就本质而言仍然是文化竞争力，只有那些能够满足人民群众对美好生活向往的愿望、大量创造、生产并提供高质量数字文化产品与服务的数字化企业，才能带动整个行业向前发展，才能推动城市文化竞争力的提升。在数字技术日新月异、文化媒介高度发达、大国博弈日益激烈的今天，我们一方面要鼓励并保护我们自己的数字创意产业进行良性竞争，从而保持整个产业的活力；另一方面，更要着眼于世界，敢于跟纽约、巴黎、伦敦、东京、悉尼、洛杉矶那样的都市竞争。只有在这样的竞争中，才能让中国的数字创意产业变得更强、更好。

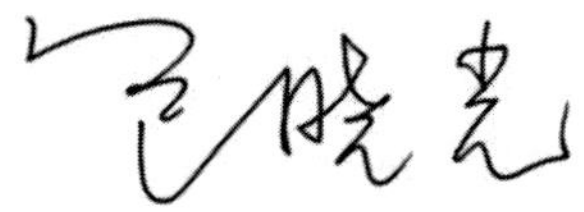

于气象西苑

2022年7月

目 录

CONTENTS

第一章 总论

当前,以数字技术为核心的通用型技术正在全球范围内加速进行新一轮技术革命与产业变革。作为世界经济发展的全新形态,数字经济正通过加快生产方式、商业模式与管理范式的深刻变革,全面推动供给侧结构性改革和经济高质量发展。

实施文化产业数字化战略是党的十九届五中全会提出的要求,也是我国"十四五"时期文化产业发展的重大任务。"繁荣发展文化事业和文化产业"是"十四五"规划的战略目标之一,其明确指出"实施文化产业数字化战略,加快发展新型文化企业、文化业态、文化消费模式"。数字化驱动的文化产业转型是现代文化产业体系和市场体系建设的必然发展方向。作为现代信息技术与文化创意产业融合而产生的新经济形态,数字创意产业应运而生。

国务院2016年发布的《"十三五"国家战略性新兴产业发展规划》中就已正式提出"数字创意产业"的概念,肯定了数字创意产业作为战略性新兴产业的关键地位。根据国家统计局发布的《战略性新兴产业分类(2018)》[①],数字创意产业包含数字创意技术设备制造、数字文化创意活动、设计服务、数字创意与融合服务四大类。我国数字创意产业融创意理念、数字技术、文化资源为一体,这一特征决定了其与诸多传统产业的发展

---

① 国家统计局.战略性新兴产业分类(2018)[EB/OL].(2018-11-26)[2020-12-25].http://www.stats.gov.cn/tjgz/tzgb/201811/t20181126_1635848.html.

密切相关。

数字创意产业是文化产业发展中最有活力、最具前景的产业类别，代表着新一轮科技革命和产业变革的方向，是促进传统产业转型升级、新旧动能转换的重要抓手。数字创意产业是未来城市经济发展的主要驱动力，它能够有效集聚高端人才，增强城市活力，创造巨大的经济价值。伴随着我国城市化进程的推进，大中城市开始把产业结构调整提上日程。高污染、劳动力密集型的传统产业逐渐从城市中转移出去，这为智力密集型的数字创意产业提供了新的发展机遇。目前，国内主要城市都在积极推进数字创意产业发展，成效显著，且各有优势和特色。但各城市数字创意产业的竞争实力如何，竞争优势体现在哪些方面，尚未有一致结论和科学统一的评价标准。

本研究以2018年国家统计局对数字创意产业的统计口径为基础，基于数据的可得性，选取层次模型作为理论基础，构建由宏观的产业状况、中观的营商环境、微观的企业效益三大要素组成的城市数字创意产业竞争力评价模型，并以发展较为突出的北京、上海、广州、深圳、杭州、南京、成都七个城市为研究对象，探究各城市数字创意产业的竞争优势及存在的问题，为促进其更好地发展理清思路。

第一节　城市数字创意产业竞争力评价模型的构建

在一般的产业竞争力分析中，钻石模型、层次模型、VRIO模型及过程模型运用得较为普遍，如表1-1所示。

针对数字创意产业的相关特性，考虑到操作的可行性，本研究选取了层次模型作为理论基础，同时基于对数字创意企业、政府等相关单位的调研，提出由宏观的产业状况、中观的营商环境、微观的企业效益三大要素组成的城市数字创意产业竞争力评价模型，如图1-1所示。

表 1-1 典型的产业竞争力评价模型

评价模型	说明
钻石模型	生产要素、需求条件、相关产业和支持产业的表现以及企业的战略、结构、竞争对手的表现构成四种作用力,并结合政府行为和机会,共同形成一个产业的竞争力优势。
层次模型	将竞争力分为宏观、中观、微观三个层次。宏观——国家或地区为主体;中观——产业为主体,体现产业的要素资源配置能力;微观——企业为主体,体现企业的投入产出能力。
VRIO 模型	VRIO 模型属于内生理论,强调对组织内部资源和能力的价值(Value)、稀缺性(Rarity)、模仿性(Imitability)和组织(Organization)进行评估。
过程模型	评价"生产者+人力资源+文化资源和设施—文化产品和服务的生产—商业和公共文化消费市场"这一完整的产业内产品和服务的生产与消费过程。

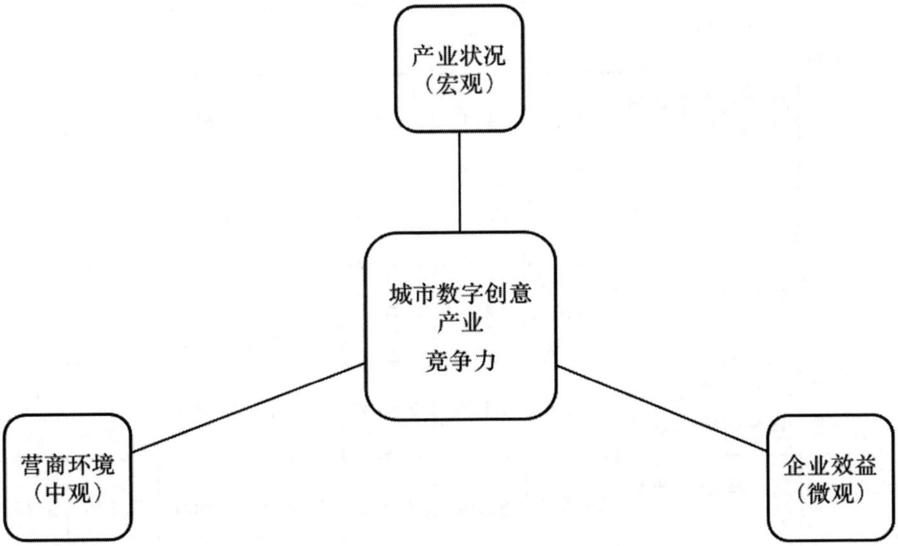

图 1-1 城市数字创意产业竞争力评价模型

一、产业状况

产业状况从宏观层面反映了各城市数字创意产业的整体现状,是衡量其产业基础的重要指标,下设产业规模和产业创新两个二级指标。产业规模包括文化及相关产业增加值、文化及相关产业增加值占地区国内生产总值(GDP)比重、数字创意企业数量、数字创意产业从业人员数量四个三级指标;产业创新包括科学研究与试验发展(R&D)经费支出、R&D 经费支出占地区 GDP 比重、高新技术企业数量三个三级指标。七城市产业状况指标数据如表 1-2 所示。

表 1-2 七城市产业状况指标情况①

一级指标	二级指标	三级指标	北京	上海	广州	深圳	杭州	南京	成都
产业状况	产业规模	文化及相关产业增加值(亿元)	2, 700.4	2, 193.08	1, 369.69	2, 621.77	3, 347	815.42	1, 129.0
		文化及相关产业增加值占地区 GDP 比重	9.6%	6.09%	5.99%	10.82%	24.78%	4.48%	7.4%
		数字创意企业数量(家)②	257	114	59	82	67	38	41
		数字创意产业从业人员数量(人)	317, 366	86, 953	105, 601	287, 663	202, 129	95, 208	21, 881
	产业创新	R&D 经费支出(亿元)	1, 870.8	1, 359.2	600.17	1, 163.54	464.25	416.58	392.31
		R&D 经费支出占地区 GDP 比重	6.17%	4.16%	2.63%	4.80%	3.44%	2.19%	2.56%
		高新技术企业数量(家)	24, 691	9, 206	8, 391	14, 415	6, 600	3, 126	3, 113

① 数据来源:统计局官网、国民经济和社会发展统计公报、权威网站的数据,为保证同期可比性,产业状况数据均截至 2018 年 12 月。各地统计口径略有不同。

② 数字创意企业数量和数字创意产业从业人员数量,这两个三级指标统计的是七城市数字创意企业中境外上市公司、A 股上市公司和新三板上市公司的情况。

二、营商环境

营商环境是保障企业从建立、运营到发展壮大的制度环境和法制环境，重点是营商的便利性、效率、成本和公平的市场环境，政府作为对营商环境的塑造至关重要。营商环境是企业发展的有力保证，好的营商环境对内能产生凝聚力、向心力和驱动力，对外能增强影响力、吸引力和竞争力。作为一种文化密集型、知识密集型的战略性新兴产业，数字创意产业的培育与发展需要更为开放的孵化环境和条件，对开办企业的要求也更高。其发展一方面有赖于城市丰富的便利设施和舒适的生活环境，另一方面则受到城市人才环境、文化环境以及技术创新水平的影响。营商环境下设文化环境、政务环境、市场环境、法律环境 4 个二级指标，涵盖城市宜居性、城市文化包容度、城市文化创新性、数字公共文化服务水平；数字创意产业相关政策出台情况、数字创意产业相关政策落实情况、政府对数字创意类企业的宣传推广力度、政府对数字创意类企业融资的扶持力度、相关税收减免政策力度、政府对文化项目的扶持力度、网络文化经营许可审批流程、文化项目审批流程；数字创意企业市场融资渠道、人才培养机制完备程度、人才引进力度、高端人才留存能力；知识产权审批流程、知识产权保护措施、企业维权行为的保障力度共 19 个三级指标。七城市营商环境指标数据如表 1-3 所示。

表 1-3 七城市营商环境指标情况①

一级指标	二级指标	三级指标	北京	上海	广州	深圳	杭州	南京	成都
营商环境	文化环境	城市宜居性	3.88	4.00	4.05	4.00	4.22	4.11	4.08
		城市文化包容度	4.22	4.16	4.40	4.50	4.24	4.32	4.58
		城市文化创新性	3.94	4.34	4.15	4.50	4.36	3.95	4.08
		数字公共文化服务水平	4.03	4.31	4.07	4.50	4.41	4.00	3.98
	政务环境	数字创意产业相关政策出台情况	3.87	3.97	4.10	4.05	4.08	3.93	3.87
		数字创意产业相关政策落实情况	3.72	3.94	3.85	3.97	3.95	4.00	3.71
		政府对数字创意类企业的宣传推广力度	3.77	3.78	3.82	4.00	4.17	3.77	3.67
		政府对数字创意类企业融资的扶持力度	3.80	3.80	3.80	4.05	4.14	3.93	3.63
		相关税收减免政策力度	3.68	3.73	3.78	3.92	4.03	3.93	3.54
		政府对文化项目的扶持力度	3.84	3.95	3.90	4.00	4.19	4.07	3.85
		网络文化经营许可审批流程	3.47	3.88	3.77	3.89	4.08	3.90	3.62
		文化项目审批流程	3.55	3.91	3.65	3.86	4.00	3.93	3.58
	市场环境	数字创意企业市场融资渠道	3.87	3.91	3.93	4.10	4.08	4.00	3.60
		人才培养机制完备程度	3.68	4.06	3.62	3.95	3.88	3.86	3.35
		人才引进力度	3.68	4.08	3.78	4.16	4.14	3.95	3.63
		高端人才留存能力	4.33	4.01	3.70	4.21	3.98	3.80	3.52
	法律环境	知识产权审批流程	3.64	3.99	3.88	4.03	4.08	3.86	3.52
		知识产权保护措施	3.87	4.01	3.83	4.16	4.02	3.98	3.62
		企业维权行为的保障力度	3.95	3.97	3.92	4.11	3.92	4.07	3.52

三、企业效益

企业是市场经济的活动主体，特定区域内的企业集合能够直接反映其所

① 本研究在七个城市分别回收了不少于 1000 份的有效问卷，问卷采用李克特量表进行统计，问卷填答人为数字创意企业的从业人员，数据收集日期为 2020 年 8 月 17 日—9 月 17 日。

属产业的发展状况。因此,企业效益是产业竞争力最直观的表现,该项指标对厘清数字创意产业增加值的真正来源、产业规模以及行业关联度有着非常重要的意义。企业效益下设经济效益、社会效益两个二级指标。经济效益涵盖数字创意企业资产总额、数字创意企业年度总营收、数字创意企业总利润额、数字创意企业产品用户数、数字创意企业高新技术成果开发转化能力五个三级指标;社会效益涵盖数字创意企业社会影响力、数字创意企业文化形象两个三级指标,如表 1-4 所示。

表 1-4　七城市企业投入产出能力指标

一级指标	二级指标	三级指标	北京	上海	广州	深圳	杭州	南京	成都
企业效益	经济效益	数字创意企业资产总额(亿元)①	7, 462.09	2, 287.07	2, 009.91	8, 897.62	9, 558.48	2, 928.48	537.46
		数字创意企业年度总营收(亿元)	3, 338.71	1, 843.85	1, 461.42	4, 554.57	1, 517.38	2, 838.5	315.35
		数字创意企业总利润额(亿元)	283.29	99.64	224.8	707.42	230.64	156.55	5.38
		数字创意企业产品用户数(万人)②	72, 2916.5	128, 167.2	22, 259.5	526, 073.9	326, 094	40, 192.5	4, 486.8
		数字创意企业高新技术成果开发转化能力	4.31	4.02	3.59	4.41	4.27	3.29	3.25
	社会效益	数字创意企业社会影响力	4.21	4.16	3.49	4.14	4.20	3.25	3.36
		数字创意企业文化形象③	4.39	4.29	3.49	4.16	4.21	3.47	3.76

① 企业投入产出能力统计的是七城市数字创意企业的境外上市公司、A 股上市公司和新三板上市公司的情况。其中:资产总额统计的是企业的总体数据(企业财务报表资产总额部分无法拆分);年度总营收、总利润额统计的是企业数字创意业务部分数据。为保证同期可比性,企业数据均截至 2019 年 12 月。

② 该指标统计数据为七城市 2020 年 3 月月活排名在前 200 名的 App 的用户数总和。

③ "数字创意企业高新技术成果开发转化能力""数字创意企业社会影响力""数字创意企业文化形象",这三个三级指标的数据是用德尔菲法进行归纳、统计的,共征求了数字创意产业研究人员、业界高管共 100 位专家的意见。数据收集日期为 2020 年 8 月 23 日—9 月 10 日。

第二节　基于熵权法的指标得分及排序

本研究运用熵权法来确定上述三大要素各自的指标权重，算出各要素的城市排序，最后完成七城市竞争力综合评价排序。按照信息论的基本原理，熵是系统无序程度的一个度量，指标的信息熵越小，该指标提供的信息量就越大，在综合评价中所起作用理当越大，权重就应该越高。熵权法的基本步骤首先是指标标准化，然后算出指标的信息熵，最后确立指标权重。

首先，将各个指标的数据进行标准化处理。假设给定了 k 个指标 X_1，$X_2,\cdots,X_k$，其中 $X_i=\{x_1,x_2,\cdots,x_n\}$。假设对各指标数据标准化后的值为 Y_1，$Y_2,\cdots,Y_k$，那么 $Y_{ij}=\dfrac{X_{ij}-min(X_j)}{max(X_i)-min(X_j)}$。

其次，求各指标的信息熵。计算所有样本对指标 X_j 的贡献总量，将上步生成的矩阵中的每个元素变成每个元素与该 ln(元素）的积，即 $p_{ij}=Y_{ij}/\sum_{i=1}^{n}Y_y$，表示第 i 个数据的第 j 个指标的比重，如果 $p_{ij}=0$，则定义 $\lim_{p_n\to 0}p_{ij}lnp_{ij}=0$。

根据信息论中信息熵的定义，可以用公式计算得到一组数据计算信息熵 $E_j=-ln(n)^{-1}\sum_{i=1}^{n}p_{ij}lnp_{ij}$。

再次，确定各指标权重。根据信息熵的计算公式，计算出各个指标的信息熵为 $E_1,E_2,\cdots,E_k$。通过信息熵计算各指标的权重：$W_i=\dfrac{1-E_i}{k-\sum E_i}(i=1,2,2,\cdots,k)$。

一、产业状况及其二级指标评估

先对产业状况下设的二级指标——产业规模和产业创新进行评估，再对产业状况总体进行评估。

(一)产业规模

利用熵权法对产业规模的文化及相关产业增加值、文化及相关产业增加值占地区 GDP 比重、数字创意企业数量、数字创意产业从业人员数量四个指标计算指标权重,得到各指标的信息熵及权重如表 1-5 所示:

表 1-5　产业规模各指标信息熵及权重

指标	文化及相关产业增加值	文化及相关产业增加值占地区 GDP 比重	数字创意企业数量	数字创意产业从业人员数量
信息熵	0.7106	0.7113	0.6378	0.7365
权重	0.2404	0.2398	0.3009	0.2189

通过上述指标计算结果,得到二级指标产业规模的计算公式如下:

$$F = 0.2404 * F1 + 0.2398 * F2 + 0.3009 * F3 + 0.2189 * F4$$

其中,F 表示产业规模综合得分,F1-F4 分别表示文化及相关产业增加值、文化及相关产业增加值占地区 GDP 比重、数字创意企业数量、数字创意产业从业人员数量去量纲[①]后的数值。F 值越大,说明城市数字创意产业规模越大。通过上述公式计算得出各个城市的综合得分及排序如表 1-6 所示。

表 1-6　七城市产业规模得分及排序

城市	得分	排序
北京	0.535	1
上海	0.270	4
广州	0.200	5
深圳	0.370	3
杭州	0.529	2
南京	0.143	7
成都	0.171	6

① 采用归一化法去量纲,即 $Z_i = \frac{x_i}{\sqrt{\sum x_i^2}}$。

(二)产业创新

利用熵权法对产业创新的R&D经费支出、R&D经费支出占地区GDP比重、高新技术企业数量三个指标计算指标权重,得到各指标的信息熵及权重如表1-7所示。

表1-7 产业创新各指标信息熵及权重

指标	R&D经费支出	R&D经费支出占地区GDP比重	高新技术企业数量
信息熵	0.5692	0.7466	0.6882
权重	0.4326	0.2544	0.3130

通过上述指标计算结果,得到二级指标产业创新的计算公式如下:

$$F = 0.4326 * F1 + 0.2544 * F2 + 0.3130 * F3$$

其中,F表示产业创新综合得分,F1-F3分别表示R&D经费支出、R&D经费支出占地区GDP比重、高新技术企业数量去量纲后的数值。F值越大,说明城市数字创意产业创新水平越高。通过上述公式计算得到各个城市的综合得分及排序如表1-8所示。

表1-8 七城市产业创新得分及排序

城市	得分	排序
北京	0.685	1
上海	0.397	3
广州	0.242	4
深圳	0.441	2
杭州	0.225	5
南京	0.149	7
成都	0.155	6

(三)产业状况综合评估

利用熵权法对产业状况的产业规模、产业创新两个指标计算指标权重,得到各指标的信息熵及权重如表 1-9 所示。

表 1-9　产业状况各指标信息熵及权重

指标	产业规模	产业创新
信息熵	0.5990	0.6777
权重	0.5544	0.4456

通过上述指标计算结果,得到一级指标产业状况的计算公式如下:

$$F = 0.5544 * F1 + 0.4456 * F2$$

其中,F 表示产业状况综合得分,F1 和 F2 分别表示产业规模、产业创新去量纲后的数值。F 值越大,说明城市数字创意产业发展状况越好。通过上述公式计算得到各个城市数字创意产业状况综合得分及排序如图 1-2 所示。

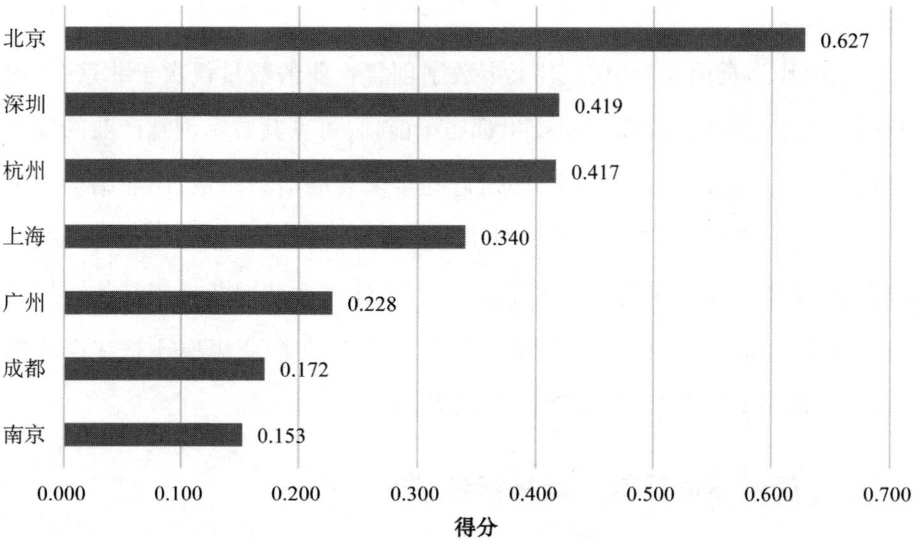

图 1-2　七城市产业状况得分及排序

依托全国政治中心、文化中心、国际交往中心、科技创新中心的有利条件,北京数字创意产业起步早、发展快,极具发展优势,其整体产值、企业数量、R&D 经费等数据表现亮眼。2018 年北京文化及相关产业增加值达到 2,700.4 亿元,位居七城之首,反映出其根基牢固、基础雄厚的产业特点,这为数字创意产业的发展提供了肥沃的土壤。北京拥有多达 257 家上市数字创意企业以及 30 余万名数字创意产业从业人员,呈现出"一览众山小"的格局。此外,从遥遥领先的 R&D 经费支出中可以看到,该城市拥有雄厚的技术研发实力。

杭州、深圳的产业状况得分差距甚微。2018 年杭州的文化及相关产业增加值占地区 GDP 比重达到了 24.78%,足以说明其文化产业对于城市经济的贡献程度不低。得益于包容的文化氛围和宜居的城市环境,杭州对于人才来说具有显著的吸引力,可统计的数字创意产业的从业人员超过 20 万。深圳作为一个新兴城市,城市负担比较轻,人才落户政策相对宽松,给予新兴产业一定自由发展的空间,因此,其数字创意产业的产业状况各项指标均表现良好。

上海作为全国金融中心,其上市数字创意企业的数量仅次于北京,文化及相关企业增加值、R&D 经费支出都居于前列,可见其数字创意产业的发展也具有较好的基础。相较而言,广州近些年来发展活力不足,产业结构较为单一,经济总量也于 2018 年被深圳超越。亟待升级的产业结构和特殊的语言环境,使得广州数字创意产业发展缓慢,整体产业状况落后于其他一线城市。而南京和成都作为新一线城市的代表,无论在产业规模还是在产业创新方面,都与上述 5 个城市存在一定的差距。

二、营商环境及其二级指标评估

先对营商环境下设的二级指标——文化环境、政务环境、市场环境和法律环境进行评估,再对营商环境整体进行评估。

(一)文化环境

利用熵权法对文化环境的城市宜居性、城市文化包容度、城市文化创新性、数字公共文化服务水平四个指标计算指标权重,得到各指标的信息熵及权重如表1-10所示。

表1-10 文化环境各指标信息熵及权重

指标	城市宜居性	城市文化包容度	城市文化创新性	数字公共文化服务水平
信息熵	0.8522	0.7464	0.6384	0.5652
权重	0.1234	0.2118	0.3018	0.3630

通过上述指标计算结果,得到二级指标文化环境的计算公式如下:

$$F = 0.1234 * F1 + 0.2118 * F2 + 0.3018 * F3 + 0.3630 * F4$$

其中,F表示文化环境综合得分,F1-F4分别表示城市宜居性、城市文化包容度、城市文化创新性、数字公共文化服务水平去量纲后的数值。F值越大,说明城市文化环境越好。通过上述公式计算得到各个城市的综合得分及排序如表1-11所示。

表1-11 七城市文化环境得分及排序

城市	得分	排序
北京	0.362	7
上海	0.382	3
广州	0.374	4
深圳	0.399	1
杭州	0.390	2
南京	0.365	6
成都	0.373	5

(二)政务环境

利用熵权法对政务环境的数字创意产业相关政策出台情况、数字创意产业相关政策落实情况、政府对数字创意类企业的宣传推广力度、政府对数字创意类企业融资的扶持力度、相关税收减免政策力度、政府对文化项目的扶持力度、网络文化经营许可审批流程、文化项目审批流程八个指标计算指标权重,得到各指标的信息熵及权重如表 1-12 所示。

表 1-12 政务环境各指标信息熵及权重

指标	数字创意产业相关政策出台情况	数字创意产业相关政策落实情况	政府对数字创意类企业的宣传推广力度	政府对数字创意类企业融资的扶持力度	相关税收减免政策力度	政府对文化项目的扶持力度	网络文化经营许可审批流程	文化项目审批流程
信息熵	0.5075	0.4656	0.8286	0.8071	0.7471	0.7202	0.7526	0.5616
权重	0.1887	0.2048	0.0657	0.0739	0.0969	0.1072	0.0948	0.1680

通过上述指标计算结果,得到二级指标政务环境的计算公式如下:

$$F = 0.1887 * F1 + 0.2048 * F2 + 0.0657 * F3 + 0.0739 * F4 + 0.0969 * F5 + 0.1072 * F6 + 0.0948 * F7 + 0.1680 * F8$$

其中,F 表示政务环境综合得分,F1-F8 分别表示数字创意产业相关政策出台情况、数字创意产业相关政策落实情况、政府对数字创意类企业的宣传推广力度、政府对数字创意类企业融资的扶持力度、相关税收减免政策力度、政府对文化项目的扶持力度、网络文化经营许可审批流程、文化项目审批流程去量纲后的数值。F 值越大,说明城市政务环境越好。通过上述公式计算得到各个城市的综合得分及排序如表 1-13 所示。

表 1-13 七城市政务环境得分及排序

城市	得分	排序
北京	0.362	6
上海	0.380	4
广州	0.375	5
深圳	0.387	2
杭州	0.396	1
南京	0.385	3
成都	0.361	7

(三)市场环境

利用熵权法对市场环境的数字创意企业市场融资渠道、人才培养机制完备程度、人才引进力度、高端人才留存能力四个指标计算指标权重，得到各指标的信息熵及权重如表 1-14 所示。

表 1-14　市场环境各指标信息熵及权重

指标	数字创意企业市场融资渠道	人才培养机制完备程度	人才引进力度	高端人才留存能力
信息熵	0.5761	0.6793	0.5450	0.7520
权重	0.2928	0.2215	0.3143	0.1714

通过上述指标计算结果，得到二级指标市场环境的计算公式如下：

$$F = 0.2928 * F1 + 0.2215 * F2 + 0.3143 * F3 + 0.1714 * F4$$

其中，F 表示市场环境综合得分，F1-F4 分别表示数字创意企业市场融资渠道、人才培养机制完备程度、人才引进力度、高端人才留存能力去量纲后的数值。F 值越大，说明城市市场环境越好。通过上述公式计算得到各个城市的综合得分及排序如表 1-15 所示。

表 1-15　七城市市场环境得分及排序

城市	得分	排序
北京	0.373	5
上海	0.389	3
广州	0.366	6
深圳	0.398	1
杭州	0.392	2
南京	0.380	4
成都	0.343	7

(四)法律环境

利用熵权法对法律环境的知识产权审批流程、知识产权保护措施和企业维权行为的保障力度三个指标计算指标权重,得到各指标的信息熵及权重如表 1-16 所示。

表 1-16 法律环境各指标信息熵及权重

指标	知识产权审批流程	知识产权保护措施	企业维权行为的保障力度
信息熵	0.5906	0.7459	0.5291
权重	0.3609	0.2240	0.4151

通过上述指标计算结果,得到二级指标法律环境的计算公式如下:

$$F = 0.3609 * F1 + 0.2240 * F2 + 0.4151 * F3$$

其中,F 表示法律环境综合得分,F1-F3 分别表示知识产权审批流程、知识产权保护措施、企业维权行为的保障力度去量纲后的数值。F 值越大,说明城市法律环境越好。通过上述公式计算得到各个城市的综合得分及排序如表 1-17 所示。

表 1-17 七城市法律环境得分及排序

城市	得分	排序
北京	0.370	6
上海	0.386	3
广州	0.376	5
深圳	0.396	1
杭州	0.387	2
南京	0.385	4
成都	0.343	7

(五)营商环境综合评估

利用熵权法对营商环境的文化环境、政务环境、市场环境、法律环境四个指标计算指标权重,得到各指标的信息熵及权重如表 1-18 所示。

表 1-18　营商环境各指标信息熵及权重

指标	文化环境	政务环境	市场环境	法律环境
信息熵	0.7570	0.6574	0.6240	0.5895
权重	0.1771	0.2497	0.2740	0.2992

通过上述指标计算结果,得到一级指标营商环境的计算公式如下:

$$F = 0.1771 * F1 + 0.2497 * F2 + 0.2740 * F3 + 0.2992 * F4$$

其中,F 表示营商环境综合得分,F1-F4 分别表示文化环境、政务环境、市场环境、法律环境去量纲后的数值。F 值越大,说明城市营商环境越好。通过上述公式计算得到各个城市营商环境综合得分及排序如图 1-3 所示。

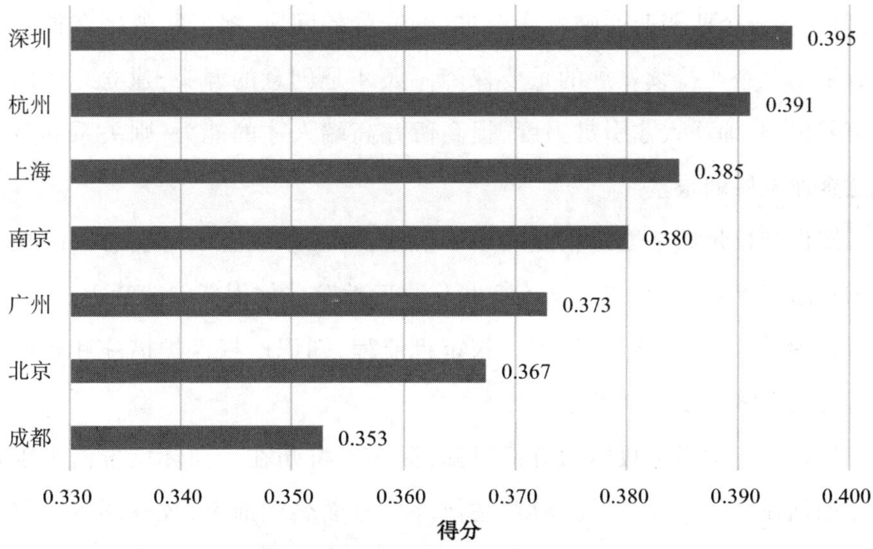

图 1-3　七城市营商环境得分及排序

测量营商环境的二级指标共有 4 个,主要可以概括为文化环境、政务环境、市场环境和法律环境,下设 19 个三级指标。

文化环境包括城市宜居性、城市文化包容度、城市文化创新性、数字公共文化服务水平等三级指标。其中,城市宜居性主要通过对特定城市的交通成本、房租、物价水平等细化要素进行衡量而得出,它是企业和创意人才落户、择居的重要影响因素;而城市文化包容度、城市文化创新性和数字公共文化服务水平是城市文化吸引力的直接体现,对数字创意企业(尤其是中小企业)的生存而言意义重大。

政务环境对企业经营而言至关重要,比如审批流程影响着企业生产经营的效率;政策的出台及落实情况、宣传推广程度、融资情况等体现了地方政府对于数字创意产业的重视程度,从而决定着企业得到的支持程度及其今后可持续发展的可能性。因此,政务环境也是企业选择入驻城市的重要关注点。

良好的市场环境是企业开拓经营的重要基础,本研究的市场环境主要包括融资和人才两方面。轻资产的特征决定了数字创意企业多为中小型企业,而这部分企业普遍面临着融资难、融资贵的问题,多元化的融资渠道成为数字创意企业持续发展的重要保障。人才是创意的源头,建立完备的人才培养机制、加强人才引进力度、提高留存高端人才的能力,则关系到数字创意企业发展的根基。

知识产权是数字创意企业的核心价值,为维护创意成果拥有人的权益提供了法律保障,良好的产权环境也有助于激发文化创新创造活力。因此,本研究中的法律环境包括知识产权审批流程、知识产权保护措施和企业维权行为的保障力度三个指标。

根据对各项指标数据的分析可知,深圳和杭州在营商环境方面表现最佳。深圳在文化环境、市场环境、法律环境方面名列前茅,政务环境也仅次于杭州。首先,深圳是一个开放包容、开拓创新的城市,其公共文化服务水平高、对人才的重视程度高等因素增强了城市吸引力。其次,政府对数字创意类企业融资的扶持力度、相关税收政策减免力度较为突出。2018 年颁布的《深圳市战略性新兴产业发展专项资金扶持政策》,采用直接资助、股权投资、贷款贴息、风险补偿等多元化扶持手段,推动新兴产业的发展。再次,较好的数字创意产业政策落地也是深圳营造良好营商环境的关键。

城市居住舒适度是企业选址、人才择业的重要参考指标之一。杭州作为历史文化名城,文化底蕴深厚,环境优越、生活便利,房价和物价也相对合适,这使其成为深受人们向往的宜居城市。城市的政务环境是最受数字创意企业关注的方面。杭州政府对数字创意产业的发展极为重视,政府服务水平备受好评。这主要表现为政府简化相关审批流程,创新管理办法,加大人才引进力度,出台数字创意产业扶持政策,设立产业发展专项资金等。此外,杭州还积极实施城乡智慧文化工程,引入社会资本对接公共数字文化供给,在某种程度上为数字创意企业开辟市场奠定基础。2017 年发布的《杭州市文化创意产业发展"十三五"规划》将互联网文化创意产业、文化软件服务业、现代传媒业、动漫游戏业等列为重点行业,为其提供资金、土地、人才、技术等要素支持,足见当地政府对于数字创意产业的重视程度之高。

上海的营商环境名列第三,其各项表现均良好。特别在人才培养方面,其"人才培养机制完备程度"指标位居第一,但政府服务意识、数字公共文化服务水平仍有待提高。

值得一提的是,南京的营商环境名列第四,超过了其产业状况和企业效益的指标排名,在政务环境方面表现尤为突出。这得益于南京市政府近年来对数字创意产业发展的高关注度。政府通过健全法律环境、维护市场秩序,给予数字创意产业有力保障。比如,近年来南京市市场监督管理局为加强知识产权保护力度,不断颁布和设立各类知识产权保护项目。

广州营商环境排名第五。广州有着别具一格的人文环境、开放的城市文化、便利的生活条件及相对低廉的生活成本,这是一座城市吸引并留住人才的加分点。但其市场融资渠道单一、创新人才培养不足,对知识产权的保护也有待加强。

北京在营商环境方面表现较差。首先,居高不下的房价、拥堵的交通、紧缩的落户名额等同于为人才设置了天然障碍。其次,尽管北京对高端人才的留存能力较强,知识产权的保护措施也相对完善,但专项政策缺位、企业融资难,政府对数字创意企业的资金扶持力度远远落后于其他城市。再次,政府未能及时适应网络时代的新变化,其网络文化经营许可审批效率低,网络文化产品管理方法缺乏创新,这些因素都给数字创意企业的经营带来了不小的障碍。

成都位于营商环境指标排名的末位。虽然成都作为西部核心城市,市场要素资源集中且城市环境宜居宜商、文化氛围创新包容,但其亟须在政策支持、要素集聚、知识产权保护等方面加强投入。

三、企业效益及其二级指标评估

先对企业效益下设的二级指标——经济效益和社会效益进行评估,再对企业效益整体进行评估。

(一)经济效益

利用熵权法对经济效益的数字创意企业资产总额、数字创意企业年度总营收、数字创意企业总利润额、数字创意企业产品用户数、数字创意企业高新技术成果开发转化能力五个指标计算指标权重,得到各指标的信息熵及权重如表 1-19 所示。

表 1-19 经济效益各指标信息熵及权重

指标	数字创意企业资产总额	数字创意企业年度总营收	数字创意企业总利润额	数字创意企业产品用户数	数字创意企业高新技术成果开发转化能力
信息熵	0.8082	0.8611	0.8116	0.6954	0.8120
权重	0.1896	0.1373	0.1862	0.3011	0.1858

通过上述指标计算结果,得到二级指标经济效益的计算公式如下:

$$F = 0.1896 * F1 + 0.1373 * F2 + 0.1862 * F3 + 0.3011 * F4 + 0.1858 * F5$$

其中,F 表示经济效益综合得分,F1-F5 分别表示数字创意企业资产总额、数字创意企业年度总营收、数字创意企业总利润额、数字创意企业产品用户数、数字创意企业高新技术成果开发转化能力去量纲后的数值。F 值越大,说明城市数字创意产业经济效益越好。通过上述公式计算得到各个城市的综合得分及排序如表 1-20 所示。

表 1-20　七城市经济效益得分及排序

城市	得分	排序
北京	0.523	2
上海	0.199	4
广州	0.174	6
深圳	0.598	1
杭州	0.376	3
南京	0.198	5
成都	0.074	7

（二）社会效益

利用熵权法对社会效益的数字创意企业社会影响力、数字创意企业文化形象两个指标计算指标权重，得到各指标的信息熵及权重如表 1-21 所示。

表 1-21　社会效益各指标信息熵及权重

指标	数字创意企业社会影响力	数字创意企业文化形象
信息熵	0.8293	0.8115
权重	0.4752	0.5248

通过上述指标计算结果，得到二级指标社会效益的计算公式如下：

$$F = 0.4752 * F1 + 0.5248 * F2$$

其中，F 表示社会效益综合得分，F1 和 F2 分别表示数字创意企业社会影响力、数字创意企业文化形象去量纲后数值。F 值越大，说明城市数字创意产业社会效益越好。通过上述公式计算得到各个城市的综合得分及排序如表 1-22 所示。

表 1-22 七城市社会效益得分及排序

城市	得分	排序
北京	0.415	1
上海	0.408	2
广州	0.337	6
深圳	0.400	4
杭州	0.406	3
南京	0.324	7
成都	0.344	5

(三)企业效益综合评估

利用熵权法对企业效益的经济效益、社会效益两个指标计算指标权重,得到各指标的信息熵及权重如表 1-23 所示。

表 1-23 企业效益各指标信息熵及权重

指标	经济效益	社会效益
信息熵	0.8311	0.7336
权重	0.3880	0.6120

通过上述指标计算结果,得到一级指标企业效益的计算公式如下:

$$F = 0.3880 * F1 + 0.6120 * F2$$

其中,F 表示企业效益综合得分,F1 和 F2 分别表示经济效益、社会效益去量纲后的数值。F 值越大,说明城市数字创意产业企业效益越好。通过上述公式计算得到各个城市综合得分及排序如图 1-4 所示。

数据显示,深圳的企业效益名列第一,其企业总体投入、产出能力较强,经济效益好,腾讯集团的头部带动效应显著,A 股和新三板特色企业实力强劲。北京位居次席,企业经济和社会效益并重,头部企业表现良好,大型企业主营领域广泛,产业发展根基牢固,传统企业也在积极尝试数字化转型。杭州的排名第三,其数字创意产业的资产总额数值明显高于其他城市,其年

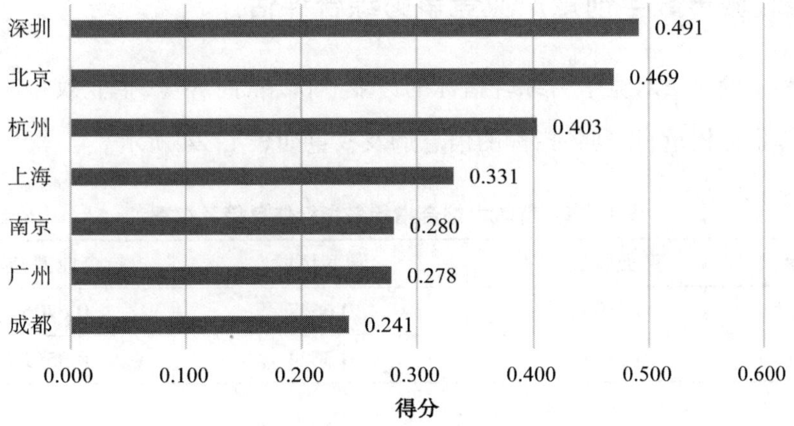

图 1-4　七城市企业效益得分及排序

度总营收与总利润额也表现不俗，这主要来源于阿里巴巴这一头部企业的贡献。值得一提的是，阿里凭借自身独特的企业文化，孵化并引领着杭州诸多中小型数字创意企业，为它们提供相应的资金和技术支持，对杭州数字创意产业的发展起到了积极的推动作用。

上海虽然在该项排名中名列第四，但其诞生了数家特色数字创意企业，在数字创意产业的细分领域中影响力十足。比如以网络阅读为核心业务的阅文集团，以动画、漫画、游戏（ACG）内容为核心业务的哔哩哔哩，以数字音频为核心业务的喜马拉雅等。尽管特色创意企业在营业收入、获利能力方面不及头部数字创意产业，但在其深耕领域却有着非常忠实的用户群体，其社会影响力不可轻视。

南京、广州、成都在此项排名中较为落后。主要原因是：南京数字创意企业数量较少，缺少头部企业带动，企业社会效益有待提升；广州虽然技术设备制造企业已形成规模，但是文化内容型数字创意企业竞争力不足，投入产出能力较弱，社会效益也不明显；成都吸引了众多头部企业落户，游戏企业已成为主力军，但是缺少本土龙头企业，而且整体经济效益偏低，数字创意企业资源整合能力有待提升。

四、城市数字创意产业竞争力综合评估

利用熵权法对竞争力综合指标的产业状况、营商环境、企业效益三个指标计算指标权重，得到各指标的信息熵及权重如表 1-24 所示。

表 1-24 竞争力综合指标各指标信息熵及权重

指标	产业状况	营商环境	企业效益
信息熵	0.7396	0.6647	0.6706
权重	0.2815	0.3624	0.3561

通过上述指标计算结果，得到竞争力综合指标的计算公式如下：

$$F = 0.2815 * F1 + 0.3624 * F2 + 0.3561 * F3$$

其中，F 表示竞争力综合指标得分，F1-F3 分别表示产业状况、营商环境、企业效益去量纲后的数值。F 值越大，说明城市数字创意产业竞争力综合指标越好。通过上述公式计算得到各个城市数字创意产业竞争力综合得分及排序如图 1-5 所示。

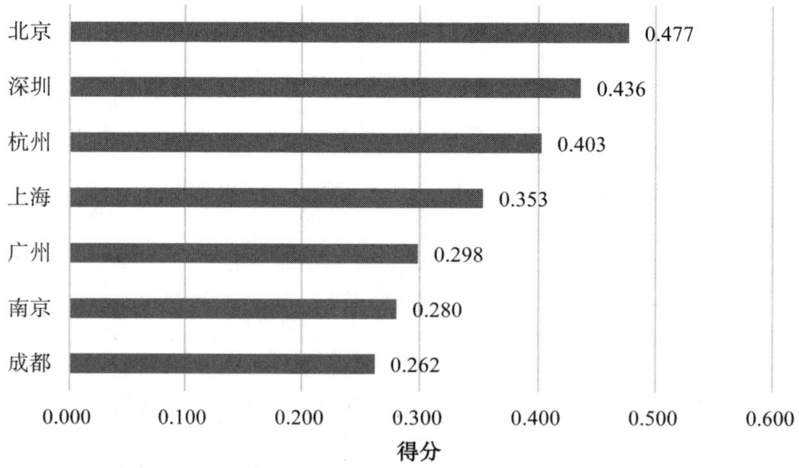

图 1-5 七城市竞争力综合指标得分及排序

根据上述数据分析可知,我国数字创意产业已基本形成三级梯队发展格局。北京、深圳和杭州三足鼎立;上海、广州位于第二梯队,上海着力于内容生产,在细分领域具有一定的竞争力,广州则凭借较强的产业基础,取得了一定的成绩;南京、成都作为后起之秀,有着较大的发展潜力。

第三节　城市数字创意产业竞争力研究总结

一、数字创意产业呈梯队发展趋势

我国数字创意产业基本上形成了梯队发展趋势。综合来看,杭州、深圳作为新兴城市,其营商环境相较传统一线城市"北上广"更为优越。由于没有限制性的功能定位,城市负担比较轻,杭州和深圳的市场准入门槛偏低,人才落户政策也相对宽松,给予新兴产业一定的发展空间。

北京文化产业发展基础雄厚,仅上市数字创意企业就多达 257 家,还拥有丰富的文化资源、人力资源。但其营商环境还有待完善,应继续疏解非首都功能,改善居住环境,通过创新人才落户机制、资金扶持方式、税收优惠政策等方式优化数字创意产业的软环境,方能使其实现可持续发展。凭借腾讯的头部带动作用,以及良好的营商环境,深圳数字创意产业竞争力排名第二。深圳对于数字创意人才具有很强的吸引力,其数字创意产业未来的发展值得期待。位列第三的杭州拥有极佳的营商环境,同时拥有阿里巴巴等头部企业,但随着国家反垄断监管的不断加强,杭州数字创意产业今后的发展不能仅仅依靠头部企业的优势,而应注重中小企业的培育,壮大产业整体规模,这样才能促进产业健康有序发展。上海的特色数字创意企业在细分领域有着一定的主导地位,其社会影响不容小觑。政府应积极发挥主观能动性,营造良好的营商环境,因地制宜地培育特色数字创意企业,促使企业深耕内容,这样才能树立具有上海特色的数字创意产业品牌。广州的技术设备制造企业已有相当的规模,但内容、文化类企业较为缺乏，该城市需要着力推动产业结构调整，重视数字创意产业的价值，加大政府的扶持力度，为数字创意产业的发展搭建有效平台。南京、成都作为后起之秀，虽然产业状况、营商环境和企业效益与其他五城市相比有较大差距，但是它们都有独特的资源，应该积极推动差异化、特色化发展。

二、头部企业呈现出强有力的带动作用

从“产业投入产出能力”这项指标可以看出，头部企业对于城市数字创意产业的发展有着至关重要的作用。百度、阿里、腾讯等企业对其所在城市的数字创意产业企业效益指标得分贡献突出，如图 1-6 至图 1-8 所示。

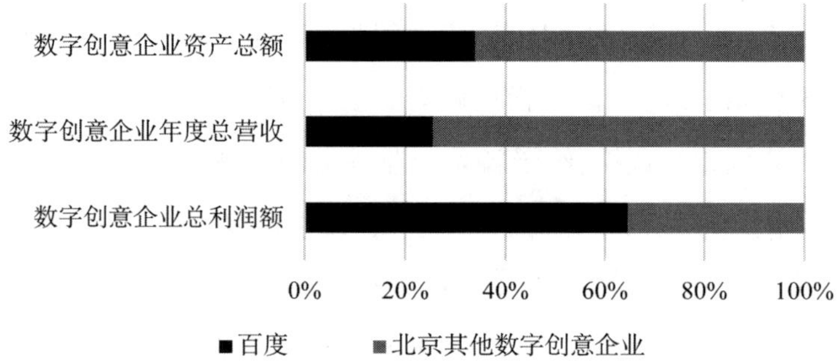

图 1-6　百度在北京数字创意企业中的企业效益相关指标占比

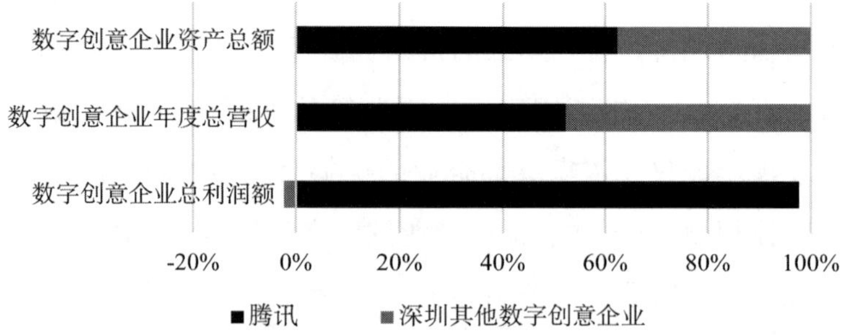

图 1-7　腾讯在深圳数字创意企业中的企业效益相关指标占比

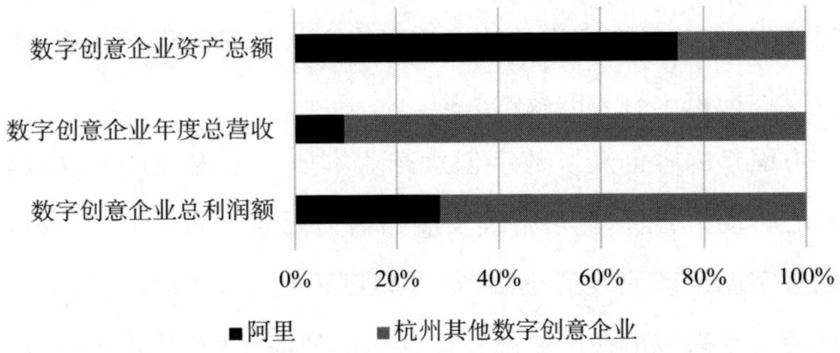

图 1-8 阿里在杭州数字创意企业中的企业效益相关指标占比

深圳在企业效益指标衡量中脱颖而出,与腾讯集团发挥的头部带动作用密切相关,因为腾讯一家公司的数值在资产总额、年度总营收、总利润额这些二级指标中占了极高比重。在过去 20 年的发展过程中,腾讯在社交软件、游戏、影视、动漫等数字创意领域积累了丰硕成果,可以说是我国最大的数字创意企业,它凭借多年积累的游戏版权和先进的运营模式,已经成为深圳数字创意产业发展的主力军。而阿里的主营业务虽然不属于数字创意部分,但其为杭州营造的创新创业环境,对许多中小企业产生了积极影响。

由此可见,头部企业强有力的带动作用是城市数字创意产业发展的重要特点。但是,各城市发展数字创意产业,不仅应该积极壮大头部企业,更需要结合区域优势,壮大产业整体规模,形成大中小企业竞相发展的格局,这样才能规避风险,激发创新创造活力,促进产业健康有序发展。

三、重视创新性发展

创新能力是数字创意企业的核心竞争力,创新性发展是数字创意产业的重要推动力。数字创意产业创新主要包括两方面的内容。一方面是科技创新,R&D 经费投入以及高新技术企业数量是影响城市数字创意产业创新的关键因素。丰厚的科技创新经费可以为创新创造提供试错的底气,继而推动产业创新性发展。高新技术企业是决定科技创新水平的重要实践单位，能够为数字创意企业注入科技动能。可以看到，北京与上海R&D经费投入遥遥领先，使其具有突出的技术孕育能力与科研成果转化率，为其数字创意产业发展提供了有力的技术支撑。

另一方面是内容创新。数字创意产业本质上是内容产业，内容创新是产业的核心驱动力，是产业可持续发展的活力源泉。通过上述分析可知，新兴城市的数字创意产业发展迅猛，很大程度依托于对内容创新的重视。杭州与深圳两个新兴城市在产业规模排名中位列前三，尤其是杭州，产业规模得分仅次于基础雄厚的北京，遥遥领先于其他城市，这主要得益于杭州对内容创新方面的重视。据统计，杭州的文化及相关产业增加值占地方GDP比重高达24.78%，且比2017年增加了约11%，其中数字内容产值的涨幅最大，可见文化内容产值对经济发展的贡献之大。内容领域的深耕与创意内容的挖掘，是杭州数字创意产业的有力抓手。作为杭州市的文化产业重点发展区域，余杭区在鼓励发展原创内容产业，包括重点引进数字内容产业链企业等方面投入巨大。可见，重视内容创新会为城市数字创意产业发展带来更多机遇。

尽管笔者在模型构建和数据搜集等方面做出了大量工作，本研究尚存在一些不足。众所周知，数字创意产业发展中最具活力和发展潜力的是各类中小型企业。中小型数字创意企业数量庞大，在稳增长、促改革、调结构、惠民生、防风险方面发挥着重要作用。由于这些企业的数量难以统计，其企业投入产出数据无法获得，因此不能纳入研究范围。建议相关部门加强对这些企业的关注，稳步推进相关数据统计工作，并将各种数据向社会开放。如此，研究者才能将其纳入研究视野，从而获得更为完整的数字创意产业竞争力评估结果。

第二章　北京数字创意产业发展现状及对策建议

自 2017 年《北京城市总体规划(2016 年—2035 年)》公布以来,北京市明确将“政治中心、文化中心、国际交往中心、科技创新中心”作为未来发展的战略定位,使其具有发展数字创意产业的独特优势。一方面,北京历来致力于将科技创新和高精尖经济结构紧密结合起来,资本、技术和人才等要素皆形成强大的集聚效应;另一方面,首都拥有璀璨的历史文化积淀、多元化的人群,文化市场需求相对旺盛。在此背景下,北京迎来资源整合、产业集聚与科技创新的新一轮机遇,虚拟现实/增强现实(VR/AR)产业、数字文化内容创作、传媒智能内容生产、服务业创新设计等成为其发展数字创意产业的优势板块。同时,字节跳动、百度、新浪、快手等领军企业的辐射带动效应显著,引领北京市数字创意产业高速发展。

基于对北京、上海、广州、深圳、杭州、南京、成都这七个城市数字创意产业竞争力的评估,本研究运用熵权法围绕三个评测维度进行评分与排名:在产业状况、营商环境、企业效益层面上,北京市分别位列第一、第六和第二,最终得出北京市数字创意产业竞争力在七个城市中居于首位。数据分析结果表明,北京市的数字创意产业发展尚能有效发挥其文化、资本、技术和人才等要素的作用,与其一线城市的经济社会发展水平相匹配。但就北京的营商环境整体指标来看,其与深圳、杭州等城市之间的差距已非常明显,存在诸多表现不理想之处。“十四五”时期乃至未来更长时期,优化营商环境将成为助力北京市数字创意产业高质量发展的一个重要突破口。

第一节 宏观层面:产业状况

通过横向比较产业状况的各项数据可得,北京市数字创意产业发展实力雄厚,在七个城市中排名第一。依托首都独有的璀璨历史文化、雄厚的产业基础,北京市通过积极布局高精尖产业、培育高新技术企业等方式,激发其数字创意产业的内在活力。无论是从产业规模还是产业创新维度来看,北京市数字创意产业的各项指标表现突出,尤其在数字创意企业数量、数字创意产业从业人员数量、高新技术企业数量、R&D 经费支出及其占地区 GDP 比重等方面具有显著优势。尽管如此,仍需注意特色文化与科技融合不紧密、产业集聚效应不突出等潜在问题,促进北京市数字创意产业的长远有序发展。

一、主要成效

(一)产业规模全国领先

北京市数字创意产业规模在全国名列前茅。据国家统计局数据显示,2017 年北京文化及相关产业实现增加值 2,700.4 亿元,在七个城市中居于首位,占 2017 年北京市 GDP 比重的 9.6%。截至 2018 年年底,北京市共拥有数字创意企业 257 家,远超第二名(上海)的 114 家、第三名(深圳)的 82 家;北京市数字创意产业从业人员数量高达 317,366 人,与上海的 86,953 人、成都的 21,881 人相比形成数量级的领先优势。

北京市数字创意产业的总体规模不仅可从官方统计数据中直观地反映出来,同样也体现在其数字创意领域现象级产品的广泛性、数字产业园区的多元性上。从人们检索信息必不可少的百度搜索引擎、提供交通便利的滴滴出行服务、网上购物次日可达的京东,视频网站爱奇艺、优酷,到如今深耕三四线城市和农村地区的快手短视频,以及通过智能分发技术打通用户平台的头条系产品,这些触达人们社会生活方方面面的数字化产品皆来自北京的数字创意企业。根据《战略性新兴产业分类(2018)》的划分标准,上述现象级产品可覆盖VR/AR产业、数字文化内容创作、传媒智能内容生产、服务业创新设计等多个重点领域。另外,依托丰富的要素资源,北京的数字娱乐产业示范基地、文博数字产业园等在海淀、房山、石景山、东城等区遍地开花,且已形成规模庞大、经验成熟、主题丰富的数字产业园区集群,这无疑为北京市数字创意产业统筹资源、塑造特色品牌提供了一片广阔的沃土。

(二)高度重视产业创新

在科技创新与文化创新双轮驱动的战略背景下,北京对文化与科技融合的重视程度不断提升。北京一直以来致力于构建首都高精尖产业结构,以中关村国家自主创新示范区为主要载体,不断统筹推进中关村科学城、怀柔科学城、未来科技城等建设。另外,北京市政府鼓励区域内影视企业、影视院校、科研机构、影视行业组织等成立战略联盟,不断加大对前沿科技研究的支持力度。据《北京统计年鉴2019》数据显示,2018年北京R&D经费支出高达1,870.8亿元,占地区GDP比重为6.17%,投入强度居全国之首。

从扶持、奖励类政策的角度看,北京市政府长期稳定提供针对科技创新及相关人才队伍建设的专项扶持资金。例如,2017年北京市政府出资200亿元成立了"北京市科技创新基金",重点投资大数据、智能制造、人工智能等新兴领域;依据2016年发布的《首都科技领军人才培养工程实施管理办法》,北京市科学技术委员会每年组织开展一次"首都科技领军人才培养工程"选拔工作,对入选人员给予科技经费支持。此外,全国科技创新中心通过资金补贴、项目支撑等多种形式,大力鼓励创办北京市众创空间、在京地区科技企业孵化器(市级和国家级)、北京科创企业(北京高盟燕山科技有限公司、北京保利世达科技有限公司等)。

在财税支持层面,由于中央和地方财税管理体制的限制,北京市主要执行国家统一针对文化产业、文化体制改革单位或者高新技术企业施行的财税优惠政策。截至 2018 年年底，北京市已认定的高新技术企业数量共计 24,691 家，远超第二名（深圳）的 14,415 家、第三名（上海）的 9,206 家。政府对经认定为高新技术企业的影视制作企业，按规定减按 15%的税率征收企业所得税，并落实营业税改增值税试点有关优惠政策。

（三）产业布局合理，站位高

北京市数字创意产业的结构与布局合理，重点行业和优势领域特色突出。北京市数字创意产业大力推进数字出版、动漫游戏、创意设计、数字文化展示等业态发展，致力于培育数字创意产业集群——加快数字创意产业重点园区和项目建设，推动北京亦庄数字科技创意园、国家数字出版基地等的建设，并在郊区规划创建数字创意小镇。

北京不仅坚守着文化产业中传统行业的龙头地位，也进一步明确了其数字创意产业在新时代背景下的新形势和新定位，高度符合北京作为全国“四大中心”的城市战略定位。

其一，北京是全球人工智能（AI）企业最集中的城市，人工智能领域正在成为北京市孕育数字创意产业的一个新增长点。2017 年 11 月，百度、科大讯飞在北京设立首批国家级人工智能平台，这无疑给予了北京文化创意与人工智能融合发展的新契机。为推动人工智能的多场景应用、促进成果转化，中关村数智人工智能产业联盟于 2020 年 8 月底在京成立，该联盟还将组织搭建人工智能海外服务平台，为人工智能领域的企业提供国际合作、海外创新服务等。

其二，北京借助其雄厚资本不断开辟电竞产业新蓝海，激发产业活力。2019 年 12 月发布的《关于推动北京游戏产业健康发展的若干意见》提出，打造电竞产业集群，推动建设“北京电竞产业品牌中心”。在 2020 年 8 月 15 日举办的北京国际电竞创新发展大会上，中国移动咪咕互娱与人民网人民体育共同成立了“5G 云电竞产业联盟”。《2019 中国电竞城市发展指数》榜单显示，北京的电竞城市发展指数排名第二（仅次于上海），其产业竞争力不容小觑。

其三,北京在公共文化服务数字化领域持续发力。截至 2019 年 9 月,全市共建有文化信息资源共享工程站点 4,295 个,数字文化社区 300 个,北京市共享工程数据资源总量已达 797TB。[①] 另外,北京市拥有种类和数量繁多的博物馆、美术馆和艺术区,其演艺和会展行业逐步趋于网络化、数字化、智能化。各类公共文化设施依托新技术,对艺术品、文物、非物质文化遗产作出深入阐释。例如,北京海淀"三山五园文化巡展"运用 AR、VR 技术,为参观者营造沉浸式观感,实现对圆明园 IP 相关的文化资源的数字化转化和开发。

二、存在问题

(一)特色文化与科技融合不紧密

数字创意产业具有较为明显的文化与科技融合特征,其发展首先要发挥区域文化及资源优势,在此基础上进而寻求科技创新。北京既是全国文化中心,也是科创中心,"双中心"的优势有利于北京发展数字创意产业,但现阶段其发展仍然呈现出文化与科技融合不充分的现象。例如在公共文化服务领域中,文化单位对新技术的认识不充分,导致文化与科技"两张皮",未能充分体现出首都文化特色;部分数字屏幕和展览设备现代感过强,与古色古香的展厅风格并不相符,这一定程度上拉低了展览的档次。上述问题都不容忽视,需进一步加以改善。

(二)产业集聚效应不突出

从产业集聚层面来看,北京市数字创意产业的未来发展趋势可概括为两个层面。一是数字创意产业与传统产业逐步融合,以此带动传统产业转

① 中国新闻网.北京市公共文化设施 7131 个 形成 15 分钟文化服务圈[EB/OL].(2019-09-26)[2020-11-22].http://www.chinanews.com.cn/gn/2019/09-26/8966534.shtml.

型升级。北京市通过推动文化与旅游相结合,从而扩大产业覆盖度,就是一个很好的例证。二是通过企业并购重组的方式实现全产业链布局,这种并购也正在成为一种主要趋势。在此背景下,北京市数字创意产业面临着明显的发展瓶颈。其一,重点行业和优势领域的产业集聚效应不足,区域特色不鲜明;其二,相关产业链亟待完善,需要打破环节壁垒来进一步提高生产质量与生产效率。

一方面,北京仍需充分运用产业集聚效应,实现产业与企业之间相互靠拢、互补整合,增强其数字创意产业集群的专业化程度。北京现有的产业园区发展模式、风格形态各不相同,比如潘家园艺术品交易园区的定位是北京最大的古玩交易市场,而798艺术园区则是著名的艺术和时尚地标。北京文化产业的品牌效应已逐步凸显,但在数字创意产业这一新兴产业范畴内,如何将这些品牌的创新性、带动性、高端性发挥出来,仍是一个值得深入探讨的命题。另一方面,在集聚发展的基础上,北京市数字创意产业应通过相关产业的横向拓展形成完整度更高的产业链。例如,耳东影业以内容为核心,多赛道布局影视投资、制作、宣传、放映、技术创新等环节,专注打造影视文化产业的全产业链布局。企业间相互竞争产生的压力亦是产业创新的动力,相关行业间可探索多平台、多企业合作模式,打造品牌差异化竞争亮点。

三、发展建议

(一)多元主体共同发力,促文化与科技柔性融合

有关部门和单位适时转变观念,完善运行机制,是促进文化与科技融合的一个首要前提。文化单位应增强创新意识,科技部门则需引导和加强与文化部门的联动机制。与此同时,要加快科技创新成果转化,健全以数字创意类企业为主体、市场为导向、产学研相结合的文化技术创新体系。

在技术层面上,具体到北京市的会展行业,博物馆、美术馆、文化馆等公益性文化机构已可以运用AR、VR技术为游客带来沉浸式的体验。以“数字

圆明园"重建项目为例，近些年来不断推出的系列展览使数字化复原后的圆明园形象更加鲜活。然而，由于内容投放和更新、展示设备等各环节的成本投入巨大，此类展览数量极少、周期较短，且往往只在少部分地区举办巡展。若政府部门能加大财政投入，并依托优质企业的专业化运作将其发展成为一种固定的展出模式，这将促成故宫、长城、圆明园等文化遗产展示的重大变革。

（二）推动产业跨界融合，大力培育新业态

如何推动数字创意与相关产业融合应用服务，从而形成新的经济增长点，是我国各地区不断思索探究的发展命题，主要包括数字创意在展会、电商、教育、旅游、医疗、体育等各个重要领域的应用。

旅游业与许多行业具有高关联度，因此其对相关产业发展具有很强的带动作用。21 世纪以来，北京凭借自身特有的历史文化资源、完备的艺术展馆设施等优势，在文化与旅游融合上成效显著，这也是北京数字创意产业发展的一个重大机遇。故宫博物院、国家博物馆、中国美术馆等同时具备文化资源与游客流量两方面的优势，可以在更大程度上盘活优质传统文化，应加强对馆藏文化资源的挖掘整理，实现资源的开放共享。例如，故宫博物院将历史人物或相关传统文化内容作为 IP 开发的原型，与腾讯、网易等互联网巨头以及美妆品牌进行跨界合作；发展文创产业，开设"故宫文创旗舰店"售卖故宫创意周边产品，实现商业与文化传播的双重价值。此外，北京通州区的环球影城建设作为北京市文化旅游产业中的核心项目，一直备受各界关注，应在此基础上加强规划引导，大力发展数字文化体验等互动性休闲娱乐业，打造城市副中心文化旅游新名片，充分发挥其辐射和溢出效应。

除此以外，还应充分发挥北京的科技创新优势，促进数字创意与电子商务、出版、体育等传统业态的融合。一是积极探索文化金融产品和服务、文化与金融合作模式"两个创新"，拓宽金融资本与文化资源对接渠道；二是推动网络文化产业链相关环节的互动融合，打造网络剧、网络电影、网络文学、网络动漫、网络直播、网络演出等多种业态百花齐放的网络文化产业发展格局；三是以举办2022年冬奥会为契机，引导数字创意类企业开展以体育为主题的影视、动漫、数字出版和文化演出等活动，在弘扬奥运精神和普及冰雪运动的基础上，形成更加完善的冰雪运动服务体系。

（三）发挥创新引领作用，扩大有效供给和中高端供给

在严控建设用地、做减量发展的背景下，发展高精尖产业是北京市的必然选择。但在“三城一区”规划中，有较多创新成果转化、基础科学研究等方面的布局，需要较长的时间培育，“十四五”期间可能很难见到在经济规模和产业集群上的显著提升。北京的产业优势在于现代服务业，应进一步发挥创新引领作用，让文化产品和数字服务供需精准对接，构建高端引领、创新驱动、绿色低碳的“高精尖”数字创意产业体系。

一方面，应以内容创新为主要抓手，立足北京作为联合国教科文组织“创意城市网络”“设计之都”的功能定位，为大众提供多层次、多样化的文化产品和服务，满足多元人群的文化需求；聚焦设计优势产业领域，推动工业设计顺利向高端化转变；开展产学研联合攻关，推出一批示范项目，培育一批优势企业，打造一批具有国际影响力的文化活动品牌，例如北京国际设计周等。

另一方面，应发挥北京科技创新优势，加快建设中关村多媒体创意产业园、北京亦庄数字科技创意园区等，打造国家级数字创意产业集群。同时，基于新工艺和新材料，运用大数据、云计算、虚拟现实等先进技术，赋能传统文化生产领域。另外，将大数据、虚拟现实等先进技术和先进理念融入建筑设计、基础设施建设等层面，改善城市人居环境，进一步提高城乡规划、园区和园林设计、装饰设计水平。

第二节　中观层面：营商环境

作为一种文化密集型、知识密集型产业，数字创意产业的发展往往受到

城市营商环境的影响。北京作为我国首都,在基础设施和配套政策上拥有得天独厚的优势,但从实际调查来看,其营商环境的各项指标表现并不理想。营商环境综合排名第六,其中,文化环境、政务环境、市场环境、法律环境这四项二级指标的排名分别为第七、第六、第五和第六,反映出北京在营商环境层面仍存在人才培养机制缺陷、企业融资难、政策落实不到位等诸多问题。如前文所述,北京共拥有 257 家上市数字创意企业,数量位居全国之首。再加上处于萌芽期、成长期的中小微企业,数量则更为庞大,而这些数字创意企业的培育与发展,都有赖于北京营商环境的持续优化。

一、主要成效

(一)市场环境:高端人才留存能力较强

随着杭州、上海、西安、武汉各城市陆续加入“抢人大战”,高端人才的重要性得以凸显。北京作为全国科技创新中心,也是国内研发和高新产业的核心区域,对高端人才的留存能力必然影响着数字创意产业的发展前景。此次调查数据显示,北京“高端人才留存能力”这项指标平均得分在七个城市中排名第一。究其原因,主要是北京对于高端人才的发展具有强大的优势和黏性。其一,北京拥有丰富的资源和优越的“软硬件”条件,医疗、教育等社会资源集中。其二,北京集聚了来自全国各地的优秀人才,现有经过北京市科学技术委员会认定的众创空间 213 个、高新技术企业 24, 691 家,以及不计其数的中小微企业。高端人才在这座城市能够获得更多发展机遇,开阔眼界。其三,北京的服务业发展迅速,高端人才缺口较大。服务业布局是城市发展与公共资源所有制相结合的产物。一般来说,它既要求经济发展,又要求行政地位高,而北京作为首都具有得天独厚的优势。其四,北京的文化优势突出。作为拥有超过三千年历史的古老城市,它遗留下的丰富文化遗产,具有令人无法抗拒的吸引力。

(二)法律环境:知识产权保护措施相对完善

数字创意产业与传统文创产业一样注重原创内容生产,与此同时,数字出版、影视、动漫、游戏等新兴行业甚至面临着比以往更严峻的版权确权与技术维权问题。政府对知识产权保护越来越重视,截至2018年5月,我国已在北京、上海、广州等地建立了15个知识产权法庭①,提升了知识产权专业化审判水平。尽管此次调查中北京在“知识产权保护措施”这一项的得分排名不高,但从全国范围来看,北京市的知识产权保护制度和措施是相对完备的。

2017年,北京市知识产权局专利行政执法办案总量为1,209件,同比增长43.6%;全市9家知识产权调解委员会累计调解知识产权纠纷360件,调解成功率达到67.7%。② 北京市积极推进两个知识产权保护中心建设,实现知识产权保护协作、专利申请快速审查及其确权维权、专利运营的多头联动。此外,政府为版权人提供基于数字版权唯一标识符(DCI)体系、区块链技术的数字版权服务平台,在提高专利申请或版权登记便捷性的同时,也帮助版权人养成良好的版权申请习惯。从全国范围来看,尤其是针对虚拟、开放、即时传播的互联网内容而言,北京的知识产权专业化审判处于较高水平。

二、存在问题

(一)政务环境:数字创意产业专项政策缺位

数字创意产业属于战略性新兴产业,覆盖的新兴领域较广,政府制定的产业政策和规划仍处于不断探索和革新的过程中。就北京而言,“数字创意产业相关政策出台情况”“数字创意产业相关政策落实情况”这两项指标均排名第六,仅高于成都,可以看出专项政策缺位是制约北京市数字创意产业发展的重要因素之一。

---

① 张曼.强化知识产权创造、保护、运用[N].光明日报,2018-09-13(7).

② 李倩.北京:推动“七位一体”知识产权大保护格局[EB/OL].(2018-03-09)[2020-11-22]. http://ip.people.com.cn/n1/2018/0309/c179663-29857240.html.

北京市数字创意产业政策存在针对性、有效性不足的问题。从政策覆盖角度来看,按照功能划分,近年来北京已初步建立起包括综合政策、文化产业专项政策、新兴产业引导、金融政策、税收政策、企业扶持和人才引进在内的基本政策框架体系。然而,按照行业类别划分,《战略性新兴产业分类(2018)》所区分的数字创意产业四大类别,与北京市的文化行政管理体制和实际行业运行状况不完全相符。在当前的管理体制下,一个产业门类往往涉及好几个管理部门,因此尚未能形成比较明确的"一业一策"的政策布局。

另外,产业政策滞后于产业发展,"新鲜出炉"的统计监测体系与产业需求还处于不明朗的磨合期。究其原因,数字创意产业是一个战略性新兴产业,在中央政策落地"最后一公里"不通畅的情况下,市级层面统筹和制定政策的有效性不足,对基层的创新政策的关注也不够,政策相对粗放,这也是值得警惕的一个现象。此外,体量小、资金不足、人才紧缺,导致数字创意企业生存周期短,行业竞争乱象时有发生,这需要政府及时调整对数字创意企业主体的培育措施。

(二)政务环境:行政审批效率较低

北京作为我国首都,是思想意识形态交锋的首要阵地,推出了多种规范管理类政策措施来稳定数字创意产业的发展。相关审批单位严格落实日常审批工作,把好产业准入关口,逐步建立起受理、初审、审核、审定之间的协调机制。此次调查结果显示,北京市"网络文化经营许可审批流程""文化项目审批流程"两项指标的排名均垫底,存在行政审批效率低等问题。

其一,以网络文化经营许可为例,一般由文旅部负责全国的资质审批,各省、直辖市、自治区文旅厅(局)则负责区域内的资质审批。近些年,北京涌现出大量数字创意企业,提交申请的企业主体数量巨大,但每年签发的经营许可却极为有限,这使得政府不得不提高"文网文"的申办门槛,对审批单位的核查非常严格。在申办过程中,企业主体需要提供的专业性材料极多,一旦出现文献表达不符合规定或专业知识匮乏的问题,就很容易导致申办主体不能通过审批，整个流程耗时较长，无形中增加了中小微企业的负担。

其二，数字创意企业的知识产权保护尤其需要紧跟公司研发产品的进度，知识产权的审批工作往往更信奉“效率优先”原则。数字技术和软件产品更迭频繁，申请专利保护或软件著作权登记的需求较大，但审批人员数量有限，这严重影响了知识产权的审批效率。此外，企业管理层级多、业务单元分散、权责不明晰等现状，都容易导致文化项目的审批流程冗长烦琐。这也是国内各城市普遍面临的一个问题。

（三）文化环境：城市宜居性待提高

北京作为一座现代化的国际大都市，其政治、经济、文化各方面水平在全国范围内首屈一指。尽管如此，此次调查数据显示人们对其“城市宜居性”的满意度非常低，在七城中垫底。无数外来的学子、务工人员成为北京的一员，为这座蓬勃发展的城市带来新的活力，同时也承受着城市环境带来的巨大负担。

北京的房价高、租金高，这对数字创意企业和人才造成了很大的生存压力。北京的医疗、教育、文化资源集中，与资源优势对应的则是高房价，这完全符合城市发展规律，但对于仍在成长期的数字创意企业来说，支付高额的租金也是一大负担。对于数字创意人才，尤其是外来人口来说，房价上涨速度已经远远超过购房者的工资上涨速度，高额的房价随之带来的是巨大的经济压力。此外，北京的交通状况对于上班族而言并不友好。一方面车流量大，早晚高峰易造成交通拥堵。另一方面，对于每天依靠公交出行的上班族而言，这种道路拥堵只不过是转向了公交拥挤。许多刚毕业暂无积蓄的大学生能负担的房租有限，往往扎堆居住在偏远地段，每天单程一小时以上的通勤时间无疑降低了上班族的幸福指数。

（四）市场环境：企业面临融资难题

北京市对数字创意类企业融资已形成一定的制度支持，例如 2017 年北京市率先推出文创产业“投贷奖”政策，为影视企业提供专属金融产品；北京国际电影节阐释了文化金融助力文娱产业的重要路径,项目创投的平台集投资、制作、营销、宣发等多项交易于一体,吸引众多影视行业的公司及相关服务领域的机构参加。尽管如此,我们也应注意,北京大部分数字创意企业,尤其是民营企业的营商环境仍然不够理想。一方面,在经济下行背景下不确定因素为新兴产业带来风险,许多缺少抗击重大风险能力的中小微企业,可能会在起步初期便面临政策变动、资金运转压力大等多方面因素的影响;另一方面,民营企业的投融资长久以来存在"玻璃门"现象。数字创意企业亟须政府减轻税负,提供专享资金扶持;同时,政府"搭桥"可帮助企业拓宽市场,拨开市场环境的重重迷雾。

三、发展建议

(一)完善数字创意产业的配套政策体系

在国家统计局正式发布《战略性新兴产业分类(2018)》前,我国并没有对数字创意产业形成统一的统计口径。虽已形成一套成熟的统计标准,但政府仍需克服数据统计过程中信息不对称的痼疾,统一统计口径并进一步完善、细化各项规章制度。

北京市数字创意产业政策存在的首要问题是针对性、有效性不足,应进一步明确产业属性和城市属性的强关联性。以 2017 年上海出台的《关于加快本市文化创意产业创新发展的若干意见》为例,该政策的制定主要以上海的网络文化、创意设计、影视演艺、动漫游戏、艺术品交易等优势产业为基础,致力于打造垂直领域的本地领军企业和名牌效应。这对北京市制定数字创意产业政策有一定启发意义,需依托北京的产业积淀和文化基础,对症下药。

政府在引导和支持数字创意产业方面,应保持适当的政策弹性,为企业主体提供宽松的发展环境。正如经济学家凯恩斯所提倡的"一臂之距"原则,政府可以保护企业主体的权利不被侵犯,但对文化艺术内容创作的过程应减少干预。

综上,政府应明确自身在产业统计、规划制定、体制机制创新等方面的职责,引导数字创意产业规范化、制度化、科学化发展。

(二)优化行政审批流程,提高效率与质量

政府在推出各类措施强化对数字创意类企业管理的同时,也应加强为企业服务的意识,其中很重要的一个优化路径是提高行政审批效率与质量。转变政府职能,推进行政审批制度“放管服”改革,同时创新监管方式,以此优化行政审批程序。

应重点解决“标准化”的问题,通过标准化制度来把控行政审批“入口”。以网络文化经营许可证的审批为例,应大力推行文化经营“多证合一”,降低各类主体申办网络文化经营许可证的难度。同时,由北京市文化局统一发布申请标准,明确告知申办主体资质年限、主营业务范畴、需要提交的基础材料及其填写规范等内容。统一实行“受理、审核、审定、告知”审批流程和“一处制”审批工作模式,简化受理环节。

此外,充分借助科技手段创新审批服务方式,在填报、审批过程中应充分发挥新一代信息技术的支撑作用。比如创建一站式公共服务平台,针对不同业务为大众提供线上申报渠道;建立“紧急办理”入口,为确有急需的大众优先办理。此外,在审批反馈过程中,充分利用数字政务平台、微信公众号、QQ群等网络交流平台及时与申办主体进行交流。这样既可减少办公时不必要的时间成本,缩短审批周期,同时也能使审批流程更加公开透明,提高审批质量。

(三)优化人才引进、培养与集聚方式

北京的高校人才储备虽然相对充足,但近些年来受房价、物价水平影响,毕业生的生存成本持续走高,逃离“北上广”的呼声日益高涨。户籍也是数字创意企业人才望而却步的现实问题,为北京数字创意企业的发展埋下了隐患。为增强城市的人才活力,应构建起科学规范、开放包容、运行高效的人才发展体系。

具体到数字创意产业领域，应完善与产业发展相匹配的人才资格认定标准和制度，构建以综合能力为核心评估要素的人才引进体系，积极引进海外人才，培养紧缺专业人才和优质团队。例如，为符合引进标准的高技术人才提供奖励补贴，并在居住、落户、教育、医疗等配套机制上提供一定的优待政策。此外，应积极协调有关部门在现有人才引进政策的基础上形成与北京数字创意类人才的生存、职业发展等需求相匹配的优惠制度和措施。例如畅通高层次人才落户北京的政策渠道，提供公租房、人才公寓，增加数字创意人才公派出国的指标等，增强外地人才对北京的归属感和认同感。为防止创意人才流失，政府应打造良好的服务平台，通过设置丰富的文化科技项目、提高人才专项资金等方式来留住核心人才。

（四）加大对数字创意企业的扶持力度

政府亟须为企业提供相应的政务服务、金融支持和创业支持，营造公平、公开、透明的市场环境。在国内所有城市中，北京的数字创意企业数量最多，中小微企业更是数不胜数，政府应针对这些企业融资难、运作难的情况加大扶持力度。

首先，要更大程度地激发市场主体的活力，帮助企业开拓市场和融资，发挥“中央、市、区”三级财政专项资金的引导和杠杆作用，发挥政府资本和社会资本的联动性，做到调整、扶持、引导并重。以深圳、杭州为例，两地市政府在进行产业布局和规划的同时，也致力于搭建平台帮助数字创意类企业开拓市场，支持举办产品推介会、行业交流会、博览会等宣传推广活动，孕育了中国电子信息博览会、中国国际动漫节、中国网商大会以及杭州文博会等一批重要平台。其次，应优化文化产业扶持资金的扶持方式，改变以往“扶优扶强”的做法，加大对数字创意产业领域内的薄弱环节和原创内容的扶持力度。比如加强对原创、优质内容的表彰奖励，对社会效益和经济效益突出或者获得专业奖项的文艺作品给予支持奖励。再次，政府应充分借助北京数字文化中心建设的优势，优化数字创意产业及企业的公共服务平台，通过打造政策咨询、版权服务、公共技术服务、信息传播、高端智库、文化协同创新等平台，实现要素资源共享。

第三节 微观层面：企业效益

如今，一大批数字创意企业以技术、平台、创意为支撑快速发展起来，成为考量北京市数字创意产业发展前景的一个重要基点。在本次研究中，笔者重点对其中A股上市、新三板上市、境外上市的257家数字创意企业的经济效益、社会效益进行分析。各项数据显示，北京市经济效益排名第二，其中，资产总额、年度总营收、总利润额、产品用户数以及技术及创意能力这五项细分指标表现不凡，基本位居第一或第二；社会效益排名高居首位，“数字创意企业社会影响力”“数字创意企业文化形象”两项指标也获得了最高满意度。综合而言，北京在“企业效益”这一维度上的竞争力，呈现出较强的优势。

一、主要成效

（一）企业经济效益与社会效益并重

本次研究的统计数据显示，北京257家数字创意企业的经济效益在七个城市中位居第二，仅次于拥有腾讯的深圳。在各项指标中，2018年北京市数字创意企业的资产总额、年度总营收、总利润额、产品用户数、高新技术成果开发转化能力排名均在前列。另外，此次统计对象主要为上市企业，各项数据并未包括盈利能力强但暂未上市的企业，例如有望成为国内互联网企业“新巨头”的字节跳动科技有限公司，短视频巨头快手科技有限公司等。截至2020年9月，字节跳动并未启动上市，但已确认其控股100%的子公司TikTok将在美国纽约上市；2021年年初，快手以500亿美元的估值在香港上市。若将上述情况考虑在内,北京市头部企业的资产总额、年度总营收、总利润额、产品用户数等各项数据必将急剧增长。

企业只有与社会发展共进步,坚持经济效益与社会效益并重,才能真正赢得市场青睐,创造更大的价值。本次调查结果显示,北京数字创意企业的社会影响力及其文化形象,在七个城市中获得了最高的赞誉,这一定程度上也为企业乃至整个产业的高速发展、创新发展和健康发展奠定了坚实基础。例如2020年8月11日,快手平台助力中央广播电视总台主办、发起的“心连心公益带货”活动,视频直播时长仅3小时,在线互动人数达到3,000万,成交额突破1亿元。这并非快手平台的一时兴起,而是源自企业秉持公益观念、注重社会效益的长远布局。除央视之外,快手先后与江西、黑龙江、贵州、山东等多家省级广电在文旅推广、扶贫攻坚等各个领域进行合作。

(二)头部企业辐射带动效应显著

由百度、新浪、搜狐等一线互联网企业组成的第一梯队,对北京数字创意企业的整体发展起到了显著的引领带动作用,主要体现在资源整合、提供推广平台、扩大产业规模和影响力等方面。

第一,北京的头部互联网企业与传统意义上的文化企业、金融行业、旅游企业等形成一种广泛的资源整合、价值协同和优势互补的新型共生生态。百度、阿里、腾讯等头部互联网企业彰显了虚拟经济与实体经济融合的极大实力。其中,百度以海量大数据为基础,不仅牢牢占据着信息检索领域的制高点,还提出垂直打通文化产业和移动互联网结合的各个环节,借助百度地图、百度糯米、百度文库等应用实现用户时间成本的节约与工作、学习效率的提升,开始全面向重资产式的传统实业靠拢。除了平台优势互补,百度还提供资金、技术、资源等多方面支持,比如对爱奇艺的投资,在人工智能应用领域的长远布局,为各领域机构和企业全面开放流量与文档资源等。值得一提的是百度在人工智能领域的战略布局:建立百度研究院,下设硅谷人工智能实验室、北京深度学习实验室、北京大数据实验室等三大前沿实验室。

这些重要举措都为数字创意产业的发展提供了坚实的技术支撑。

第二,新浪和搜狐稳居互联网媒体行业的第一梯队,近年来着力于通过技术手段探索新闻资讯内容与报道形式的创新。在移动互联网时代,移动新媒体的兴起彻底地改变了人们的新闻阅读习惯和资讯获取渠道,各大传统媒体纷纷开发新闻类应用,如新华网、人民网等。而包括新浪、搜狐在内的许多"新闻资讯"领军者,其创新意识也不断增强。新浪和搜狐一直以来都积极拥抱新技术,例如新浪新闻与讯飞开放平台、正义网联合推出的运用了智能评测技术的公益类语音互动产品——"宪法朗读人",正是基于 VR、AR、大数据和人工智能技术高速发展的契机,为新闻资讯寻找全新的传播与浏览方式。

第三,在腾讯、阿里、百度"三足鼎立"的局面下,北京的字节跳动有望成为国内互联网行业不容小觑的"新巨头"。字节跳动运营的亮点主要体现在以下几方面:一是重点突出了短视频自媒体营销的形式,这是当前互联网行业的风口,也是未来的发展趋势;二是利用平台签约的自媒体来塑造品牌,坚持原创,增强用户互动性、黏性;三是利用火山、抖音、西瓜视频等"自媒体+直播"平台,打造"社交化商业"模式。今日头条基于数据挖掘,为用户精准提供移动资讯,这也成为头条系产品最大的竞争亮点。

(三)大型企业主营领域广泛,筑牢产业发展根基

本次研究数据显示,北京共有 257 家已上市的数字创意企业,其主营业务覆盖了数字创意技术设备制造、数字文化创意活动、设计服务、数字创意与融合服务①四大重点领域,筑牢了北京市数字创意产业发展的根基。

1.数字创意技术设备制造

数字创意技术设备制造领域主要包括电影机械制造、广播电视节目制作及发射设备制造、专业音响设备制造、智能消费设备制造等。在本次研究

---

① 参照《战略性新兴产业分类(2018)》的分类统计标准。

统计的北京上市公司中，邦讯技术、北信源、绿盟科技、东方通、中科创达、先进数通等大型企业都是经北京市海淀区高新技术管委会批准成立的高新技术企业，在资产总额、年度总营收、总利润额以及从业人员数等方面的数据表现较为突出。其中，邦讯技术主要从事通信设备的研发、生产及销售，主要的产品有移动通信直放站、室内分布系统、城市小区优化系统等，2018 年度总营收达到 1.72 亿元，堪称行业的"领头羊"。北信源等公司聚焦于信息安全、大数据的产品开发，拥有咨询与服务人员构成的强大技术团队。在数字创意产业的人工智能技术领域，北京的大型企业表现突出，拥有中科创达等一批智能终端平台技术提供商，面向国际推出智能机器人、智能汽车、智能相机、VR/AR、可穿戴设备的相关计算模块等。

2.数字文化创意活动

在本次研究统计的北京数字创意产业上市公司中，数字文化创意活动领域的公司数量最多，其主营业务包括软件与服务、内容制作服务、媒体与娱乐、广播电视服务等。

（1）软件与服务。总体看来，北京市的软件开发市场呈现较高活跃度。据公司财报披露，2017 年暴风集团、超图软件实现营收规模翻番，神州泰岳、旋极信息、东华软件、昆仑万维均实现净利润翻番。其中，暴风集团突破传统的硬件盈利模式，找到新的互联网入口，即依靠内容生态盈利，确立"N421"战略——依托电脑、手机、虚拟现实设备、电视这四块屏幕，打造影业和体育两大内容平台，构建泛娱乐生态圈。神州泰岳则主要有三个成功因素：资源优势，人才聚集，机制创新。

（2）数字文化创意内容制作服务。北京市已形成以服务业为主导的发展格局。北京市信息服务业整体外部发展环境持续向好，尤其是内容制作服务类企业的经营状况总体保持平稳。本次调查统计的内容制作服务类上市公司包括万达电影、北京文化、光线传媒、中国电影等影视制作类公司，也有柠檬微趣、像素软件、华夏乐游、杰外动漫等游戏动漫公司，中文在线、中国科传、中国出版、掌阅科技等出版公司,以及华扬联众、上方传媒、瑞诚股份等广告公司。

北京的影视制作类公司总体发展速度较快,其中光线传媒经过20年发展成为中国最大的民营传媒娱乐集团。光线传媒拥有强大的宣传平台、超强的活动组织能力和销售发行能力,并且积极布局承办各种大规模、高水准的国际化品牌活动,在业内树立了良好的口碑,具备一定的品牌影响力。

在国内数字出版领域,掌阅科技近年的营收规模及增速、用户量占比较大,逐渐成为与阅文集团匹敌的"行业龙头"。从竞争格局来看,掌阅是目前国内最大的单一数字阅读应用,用户热度远超排名第二的QQ阅读。掌阅科技一方面不断提升用户体验,另一方面坚持打造优质原创内容。据其2018年半年报数据,报告期内,掌阅科技投资了3家原创内容公司,内容涉及原创文学和原创动漫;2019年1月21日,其又以1.7亿元高价买下红薯中文网33.74%的股权。①

(3)媒体与娱乐。整体而言,北京市是国内新媒体的集聚地,各大传统媒体努力向新媒体转型,新媒体同样在转型破局。在新型媒体服务领域,人民网、新华网、互动百科、真视通、捷成股份、亿玛在线等业绩表现突出。人民网作为党的新闻舆论阵地,受到党中央的高度关注,也是人民日报社的网络阵地;新华网则是国家通讯社新华社主办的综合新闻信息服务门户网站。两者都是国内最具影响力的网络媒体,重大新闻首发率和转载率绝对领先,在5G背景下不断重塑新闻生产和分发流程,构建智能化、移动化、视频化的产品矩阵。除此以外,北京的一点资讯、快手等众多网络媒体、自媒体,基于技术领先,近两年来也呈爆发式发展态势。

3.设计服务

北京拥有众多设计服务类公司,主要分布在人居环境设计服务、规划设

---

① 凤凰网财经.掌阅科技渴求原创内容1.7亿元买红薯中文网33%股权[EB/OL].(2019-01-23)[2020-11-20].https://finance.ifeng.com/c/7jhtu0mDzLQ.

计管理、工业设计服务等领域，它们借助数字化技术与互联网优势呈现出爆发性增长。例如，区别于传统设计的二维展示，北京忆江山园林科技股份有限公司以成本数据库为基础，将“感性的艺术处理”与“理性的数字化处理”相结合，独创了营销型景观的精细化、科学化设计体系；北京祝融视觉科技股份有限公司主要为政府及企业提供数据可视化产品；在风景园林规划、建筑设计、居住规划等日常生活领域，北京绿城怡景生态环境规划设计股份有限公司更加关注城市空间与生态分布，承担了辐射全国公园、风景名胜区、旅游度假区的总体规划。

4.数字创意与融合服务

数字创意与相关产业融合应用服务是数字创意产业的一个重要组成部分，除教育、旅游、医疗以外，数字创意在体育、展览展示、公共管理等各领域的应用也非常普遍。北京的会展行业较为活跃，因此，以数字图书馆、美术馆、体验馆和智慧博物馆等数字文化场馆为载体的数字文化展示体验服务的发展成效突出。其中，西典展览作为行业首家国家高新技术企业，2018 年全年营收达到 1.69 亿元，利润总额为 1, 308 万元，在同行业企业中可谓是佼佼者。该公司以智能科技的展示技术为创新基础，广泛参与到大型数字文化主题馆、数字生活馆、数字景区等大板块的投资和运营中，在数字化、智能化科研领域拥有多项国家专利技术。

(四) 传统企业积极尝试数字化转型

数字化技术的大规模应用推动产业升级，催生新业态。在数字创意产业领域，数字化不仅改变了产品的设计、生产和销售方式，也直接影响了企业管理策略的制定。一是从以前免费的广告模式，逐步转向用户直接付费的商业模式，从注意力经济走向付费经济；二是在数字创意产业发展过程中，经济学意义上的规模效益、边际收益递增更为突出。比如，数字音乐与唱片音乐相比，前者很大程度上抵消了制作和传播成本，且边际收益不断递增。北京众多互联网企业发挥其信息技术上的先天优势，对数字创意产业的发展起到极大的促进作用。

随着数字技术的不断进步,北京涌现了一大批平台型、内容型、服务型数字创意企业,它们普遍走上数字化转型之路。北京九九互娱数字文化传播股份有限公司是一家面对互联网领域的整合营销集团公司,其旗下的优时光公司主要承办线下游戏竞技类活动,先后为诸多500强企业承办过大型游戏赛事。中文在线集团作为中国数字出版的开创者之一,坚持以版权机构、作者为正版数字内容来源进行整合管理,并在国内率先提出“一种内容、多种媒体、同步出版”的全媒体出版概念,从根本上改变了传统的内容盈利模式。优质内容、网络平台与数字技术相结合,才能产生更好的效果。绿盟科技顺应数字化转型与技术升级趋势,多年来在物联网安全研究、产品和解决方案开发、安全服务方面持续投入,为了满足不同场景下的物联网安全需求,绿盟科技依托自身在漏洞扫描和威胁检测上的技术优势,发布了专门针对工业、能源、交通、智慧城市以及车联网等领域的网络安全合规评估工具。

二、存在问题

(一)企业的科技成果转化率普遍较低

时至今日,我们愈发分不清新旧产业的界限,正是数字技术在其中“推波助澜”。随着大数据、云计算、物联网、人工智能、区块链等技术不断进步,企业领先的一个关键要素在于占据技术应用领域的优势。近年来,我国企业科技创新体系逐渐完善,但仍存在成果转化率偏低的问题。据悉,我国科技成果的转化率仅有10%,比美国低70个百分点。[①] 也就是说,政府投入数以万亿计的资金换来的研发成果,最终收效甚微。

2018年北京市R&D经费支出高达1,870.8亿元,居全国第一。尽管在此次研究中,北京“数字创意企业高新技术成果开发转化能力”这一项指标

---

① 搜狐网.科技成果转化率只有10%,大学科研该如何破局?[EB/OL].(2018-11-23)[2020-11-22].https://www.sohu.com/a/277404005_119778.

的满意度排名第二，但在成果转化过程中，各类企业尤其是小微企业，事实上仍存在科研项目投入不足、缺少创新能力、科研人员待遇不足等问题。其实，这一情况在全国范围内也是普遍存在的。例如，我国知识产权相关法律规定职务发明①属于单位，这在一定程度上损害了科研人员的利益，也降低了科研人员的创新热情。为了促进企业科技成果产业化，可通过制定相关的政策、加强知识产权保护等方式提升企业的科技成果转化率。

（二）众多小微企业税收压力大、投融资难

近年来，北京数字创意类企业的数量不断增长，但它们大多处于产业链底端，普遍面临运营成本高、税收压力大、投融资难等现实困境。自 2011 年 10 月份以来，国家连续出台了一系列针对小微企业的扶持政策，但仍存在资助领域不平衡、政策稳定性不强、执行效果不明显的问题。就数字创意产业领域而言，针对广告会展、游戏、动漫公司的税收优惠政策较少，且申报项目需要具备的条件（如公司规模、资产总额等）对许多小微企业而言是比较苛刻的。再加上国际经济局势动荡、国内经济增速放缓，大部分互联网小微企业经营状况艰难，生存周期短。

除此以外，小微企业寻求投融资的道路也并不顺利，金融政策给数字创意产业带来的影响需要予以多维度分析。一方面，国家金融政策会向战略性新兴产业倾斜，政府通过资本市场扶持相关企业上市或挂牌融资，同时也会支持金融机构提供更加完善的金融服务等。另一方面，自 2017 年以来，我国金融监管环境日益趋严，金融投资领域进入审慎观察时期，原本的资本泡沫部分可能会被挤压破裂，进而导致产业结构失衡。金融机构可能更注意风险防范，严格评估可抵押资产、可还款来源、潜在风险等，必然导致服务手续烦琐，贷款周期延长。

---

① 职务发明是指企业、事业单位、社会团体、国家机关等的工作人员执行本单位的任务或者主要是利用本单位的物质条件所完成的职务发明创造。

三、发展建议

(一)发挥民营企业的生力军作用

在构建高精尖经济结构的过程中,民营经济发挥的作用日趋重要。数字创意产业以文化为引领,以技术创新为基础,应充分发挥民营企业的生力军作用,大力培育区域产业品牌。

首先,着力打造头部企业,增强其影响力、辐射力、竞争力。头部企业与城市是双向选择的。总体而言,百度、新浪、搜狐等头部企业在企业营收稳定的情况下,也不断激发着城市内其他企业的发展活力。字节跳动凭借今日头条和抖音这两把利剑,逐渐成为国内互联网行业不容小觑的“新巨头”。上述头部企业对北京市数字创意产业贡献突出,也深刻影响了城市文化产业的发展格局。因此,应充分利用北京市宣传文化引导政策和基金等优势,培育一批在全市、全国乃至国际上有影响、有特色的数字创意类头部企业。

其次,培育创新能力强劲、发展潜力巨大的成长性企业。自 2016 年以来,在数字创意产业的各个细分领域,北京涌现出一批专注于创新和提升产品质量的企业,并呈现出爆发式增长态势。例如,掌阅科技凭借对文化产业的贡献、科技创新成就等综合指标,成为数字阅读行业的领军企业;立思辰在教育信息化行业的龙头地位稳固,品牌优势突出,2010—2016 年连续 7 年荣膺“中国教育行业方案商十佳”。从盈利模式的创新性与成长的稳定性来看,上述企业对北京数字创意产业的增长意义重大,渗透到产品的设计、生产、销售和服务方式等各个环节。因此,应积极培育高成长性创新型企业,针对企业出台激励政策,在数字创意产业的更多细分产品领域设立单项奖励。另外,还应对认定的创新型、示范性企业提供针对性辅导和精准服务,完善企业成长链条。

再次,重点扶持中小微企业,释放市场主体活力。针对中小微企业普遍面临的经营成本高、税负重、投融资难等问题,各级政府和相应部门要为企业提供政策优惠。如设立数字创意产业专项基金资助、补贴,降低房租,减免税金,提供低息、无息和贴息贷款等。中小微企业的崛起是一条漫长而艰辛的道路。以动画电影《大鱼海棠》的出品方——北京彼岸天文化有限公司为例,众所周知,动漫业需要大量且持续的资金投入,但该公司团队缺少足够的资金制作、启动影片,历经12年艰难融资获得光线传媒的支持,《大鱼海棠》才真正完善了制作周期。因此,在充分利用各种政策优势的基础上,小微企业也应积极寻求多元的投融资途径,以良好创意制作优质内容,通过打造精品来扩大影响,吸引海外资本的多方投资合作。随着5G时代的到来,数字创意产业也将涌现出更多商业模式。因此,可通过成立数字文化银行,为数字创意企业提供高效便捷的金融服务,例如阿里巴巴成立的网商银行,就是基于平台上商户的数据、现金流来进行风险控制。

(二)提高公益性文化单位的文化资源开发利用率

北京拥有数量庞大、种类多、分布领域广的传统公益性文化单位,尤其是作为公共文化服务供给核心主体的各级图书馆、文化馆、美术馆、博物馆、科技馆等。数字创意产业对这些馆藏文化资源的开发利用有着广阔的前景。例如,故宫博物院将历代皇帝、妃子等经典形象,或故宫的雪、故宫的猫等相关内容作为IP开发的原型,与腾讯、网易等互联网巨头以及百雀羚、YSL、Tom Ford等品牌进行跨界合作;开设“故宫文创旗舰店”售卖故宫创意周边产品,并与北京电视台、华传文化联合出品《上新了·故宫》这一档大型文化季播节目,助力发展故宫文创产业。

公益性文化单位掌握着大量的文化资源,但由于自身存在体制机制障碍,这些单位远没有充分发挥数字创意产业领域的“资源库”作用。北京应充分整合、开发公益性文化场馆资源,构建互联互通、统一规范的公共数字文化服务平台;坚持社会效益与经济效益相统一,与市场衔接,从而增强公益性文化单位的自我发展能力,拉动文化消费。除此以外,在市场营销、品牌构建方面应鼓励、引导和支持社会力量参与,鼓励企业通过限量复制、加盟制造、委托代理等形式参与其中,激发创新创造活力。

(三)推动企业科研成果转化

我国数字创意企业普遍存在科技成果转化率偏低的情况,应将这一问题同创新驱动战略的核心地位联系起来予以探讨。从认识上,需明确企业科技成果难以转化的根本原因。科技成果转化率低的直接原因是企业对成果转化投入过低和重视不足,但归根结底是“真正”的成果过少。前文已提及,令人担忧的一个事实是,我国仍有90%的科技成果难以转化为生产力,这说明众多的科研成果或是成熟度不够,或是脱离了社会需求,尚不能产生较好的经济效益并加以推广。

因此,想要提高企业科研成果转化率,当务之急是对症下药,从实践上确保研发工作有效运行。应努力克服科技管理的路径惯性,拒绝跟踪模仿的“拿来主义”,鼓励企业自主创新,出台技术入股的刺激性政策,为科研机构及科研人员放权让利。除了加大推广投入、增设推广机构,还要克服“效率优先”的想法,注重科技资源的配置质量。同时,在实际推动成果转化的过程中,政府及相关部门还应做到以下几项工作:一是设定科学合理的攻关技术标准,严把科研立项审核关;二是倡导研发合作精神,团队作战良性竞争;三是加大研发成果的审定与管理力度,保障成果的“质”与“量”。

(四)加大投入提升企业人才水平

数字创意产业作为文化密集型和知识密集型产业,对人才的要求相对较高。在数字创意人才的培养上,政府部门更有优势,也应当发挥更大的作用。例如,文旅部坚持举办年轻干部培训班,为文化产业领域的人才构建了交流和沟通的平台。为提升北京数字创意企业的人才水平,首先需根据地域特色形成针对性的人才服务政策:一是文化行政主管部门应当对数字创意产业从业人员进行岗位培训,提高其职业素养和服务能力;二是鼓励企业积极与北京的各大科研院所、高等院校等开展合作,探索创新校企协同培养人才的新模式;三是形成卓越创意者的培养和奖励机制,积极协调有关部门完善数字创意类优秀人才资格认定制度,激发人才创新创造活力。

在政策利好的形势下,企业应建立和完善高端人才引进、培育和激励机制,根据地区发展水平、公司发展质量灵活调整绩效评估方式。同时,企业要根据实际发展需要、不同岗位要求,对从业人员进行分级、分类培训。例如,北京彼岸天文化有限公司与清华大学文化创意发展研究院联合成立数字创意研究中心,探索创新人才培养模式:安排年轻员工到专业的行业研习班学习课程,如编剧研习班;鼓励员工自我学习、创作新作品、定期提交优秀的创意作品,提供立项机会;除专业型人才以外,公司还培养了一批非科班出身的综合型人才,比如让有创作热情的理科生、工科生参与创作,这些都激发了公司多元人才的创作积极性。

(五)积极培育外向型企业,参与国际合作和竞争

我国仍有许多城市的数字创意企业抱持"画地为牢"的固有观念,这成为企业达成跨地域、跨国合作的最大阻碍。应切实发挥首都作为全国文化中心、国际交往中心、科技创新中心的示范作用,积极培育外向型企业。北京已有一些数字创意企业在坚持"走出去"发展战略、积极开拓国际市场方面表现突出。例如,北京文创国际集团以文化产业对外贸易为主,自 2012 年成立以来一直致力于打造"创新+互动+多屏融合"的营销生态,其核心业务涉及电影、电视剧、文艺演出、新闻出版、艺术商务等多个文化领域。掌阅科技开发的掌阅 App 持续占据国内数字阅读市场龙头地位,2017 年于 A 股成功上市,成为主板上市企业中唯一一家具有自主硬件产品的数字阅读平台。其平台月活跃用户超过 1 亿,海外版辐射 100 多个国家和地区的 2,000 多万海外用户,为传播中国声音做出了贡献。①

培育外向型企业既有利于激活行业内部竞争环境,也为增强文化自信、提高中华文化国际影响力发挥更大作用。首先,应做大做强市属国有文化

① 中国经济网.掌阅科技等民营企业获得政策利好 迎来发展新机遇[EB/OL].(2018-11-23)[2020-11-22].http://www.ce.cn/xwzx/gnsz/gdxw/201811/23/t20181123_30855494.shtml.

企业，力争北京市每年至少1家企业实现主板上市（挂牌）。其次，积极推进混合所有制改革，培育一批数字创意产业战略投资者。再次，要进一步贯彻落实北京对外文化贸易、北京市服务业扩大开放等相关扶持政策，在更大范围与更高层次上参与国际文化合作和竞争，激发文化对外开放活力。

北京市数字创意产业的发展势头强劲，其产业竞争力在七个城市中居于首位。从产业状况这一维度的比较来看，北京排在首位，其数字创意产业规模大，注重产业创新，结构与布局也相对合理，但仍需警惕特色文化与科技融合不紧密、产业集聚效应不突出等显著问题。在营商环境层面上，随着北京市逐步营造开放竞争的创新、创意、创业环境，“高端人才留存能力”“城市文化包容度”“数字公共文化服务水平”等细分指标的满意度较高，但仍存在数字创意产业专项政策缺位、行政审批效率较低、城市宜居性差、企业融资难等问题，因此，其营商环境位于第六。北京的企业效益在七城市中排名第二，这得益于百度、新浪、搜狐等企业的带动作用，同时，数字创意技术设备制造、数字文化创意活动设计服务、数字创意与融合服务等领域的上市企业为产业发展筑牢根基，与城市数字创意产业的发展形成了双向联动。然而，目前北京仍存在科技成果转化率低、小微企业税收压力大、投融资难等问题，需要多方发力共同克服。针对北京市数字创意产业发展的现状，政府及相关部门、企事业单位仍需寻求相应的改善路径，不断激发数字创意产业可持续发展的活力。

第三章 上海数字创意产业发展现状及对策建议

作为我国的金融中心和科技中心,上海拥有雄厚的资金实力和科技创新基础,这为数字创意产业的发展提供了必要的支持。开放的城市氛围、多样化的人群、璀璨的历史文化等为数字创意产业营造了良好的发展环境。近年来,上海市政府着手推动经济结构的转型升级,其中作为突破口之一的文化产业受到了高度重视。因此,数字创意产业在提高上海文化竞争力、促进上海经济增长等方面将扮演重要角色。

本研究运用熵权法对七城市宏观的产业状况、中观的营商环境、微观的企业效益三个评测维度进行评分和排名,最终得出上海数字创意产业竞争力排在七城市中的第四位。就具体指标而言,其产业状况位列第四,营商环境位列第三,企业效益排名第四,头部带动效应不明显。数据分析结果表明,上海市数字创意产业竞争力相对较弱,未能有效发挥文化、资金、人才等要素的作用,与其一线城市的经济社会发展水平不相匹配。我国正处于转变发展方式的攻关期,“三期叠加”影响持续深化,文化产业的发展由高速增长转向高质量发展阶段,上海应该抓住机遇,扭转不均衡、不科学的产业格局,做大做强数字创意产业。

第一节 宏观层面:产业状况

数据分析结果显示,上海数字创意产业的产业状况指标在七城市中排名第四,落后于北京、深圳和杭州。由于超大城市的集聚效应,上海市拥有数量众多的数字创意企业，同时技术要素的流动与重组也提升了数字创意产业的创新能力。然而，文化及相关产业增加值及其占 GDP 比重不高、产业从业人员缺乏等问题，也反映出上海数字创意产业面临的困境。近些年，通过积极投资产业基础设施、大力发展新兴业态、合理布局细分领域、以园区为载体孵化和培育优秀企业等方式，上海数字创意产业开始崭露头角。但是，文化创意与科技创新结合不紧密、复合型人才匮乏等问题制约着上海数字创意产业的进一步发展。总而言之，上海数字创意产业具有一定的优势，但仍然亟须解决制约产业高质量发展的问题。

一、主要成效

(一)产业发展基础牢固，规模扩张潜力巨大

就数字创意产业来说，上海的基础优势十分明显。2018 年上海文化及相关产业增加值达到 2, 193.08 亿元，占地区 GDP 比重为 6.09%，相较 2017 年有明显提升。文化创意产业的蓬勃发展促成了庞大的文化消费市场，为数字创意产业培育了潜在消费群体。此外，上海拥有强大的科技实力，在数字经济领域取得了不错的成绩，其文化基础设施建设也在全国处于领先地位。这为上海发展数字创意产业打下了坚实的根基。

1.新兴业态规模形成

近年来，文化创意产业已经成为上海国民经济的支柱性产业。文化创意产业的蓬勃发展，使得文化消费理念深入人心，孕育出庞大的文化消费市场。《2020 中国文化及相关产业统计年鉴》显示，2019 年，上海人均文化娱乐消费支出达到 2, 372.8 元，在全国各省、市、自治区中仅次于北京，消费能力可见一斑。上海火热的文化消费市场催生出各类新兴文化业态。《上海统计年鉴 2019》显示，2018 年，共有 3, 484 家文化市场经营机构在沪开展业务，大量的文化创意成果为数字创意产业提供了丰富的 IP 资源。上海数字创意产业在网络文学、游戏动漫、数字音频、网络直播等多个领域处于国内

领先水平，诞生了阅文集团、盛趣游戏（原盛大游戏）、喜马拉雅等一批充满活力的文化企业以及超过200家直播多频道网络（MCN）机构。

2.数字经济发展水平全国领先

上海作为全国的经济中心，率先实施各项政策和战略以促进数字经济发展。2018年5月，上海市政府与中国电子集团共同打造“物联、数联、智联”融合的数字经济服务体系，建设满足企业和公共双重需求的新一代信息基础设施。经过一年的探索，上海地区形成了数字产业生态的初步轮廓。2020年，上海已经构建了城市级物联基础设施的“数据湖”，每日汇集超过900万条城市数据，对社会事件进行整合并细分，帮助政府进行更加精准化的治理，并且提升公共基础设施的功能，赋予公共文化服务数字化新效力。《2019中国城市数字经济指数白皮书》显示，上海数字经济发展水平蝉联全国100个重要城市首位，并在交通、教育、医疗、城市服务和治理等领域有较高的应用水平，可以说上海是目前全国数字经济发展状况最好的城市。

3.文化基础设施建设卓有成效

上海市文化基础设施较为完善。据《上海统计年鉴2019》数据，截至2018年，上海拥有45个艺术表演馆，其中包括31个剧院、1个书场；348个电影放映单位，吸引了8,728万观影人次；254个艺术表演团体为大众提供艺术演出，在国内表演演出场次高达35,380场，吸引观众1,098万人次；包括上海图书馆在内的23个公共图书馆，共有图书7,894.21万册，2018年新购图书796.26万册；博物馆、纪念馆共有131个，馆内藏品实际数量为201.05万件，2018年开展展览活动347次，吸引2,216万人次参观；除此之外，还有239个群众文化活动机构以及142个文物机构，为人们的文化活动提供场所或设施。健全的文化设施为满足人们的文化需求提供了基础条件，给数字创意产业的发展提供了支撑，也促进了文化产业的转型升级。

综上所述，上海数字创意产业的发展拥有肥沃的土壤。完善的文化基础设施为数字创意产业发展提供了硬件支撑。文化创意产业与数字经济构成了上海数字创意产业发展的两翼，为数字创意产业提供了内容、技术和人才等重要保障。

（二）不断深耕细分领域，产业结构较为合理

上海在发展数字创意产业的过程中，一方面不断深耕垂直领域，布局细分市场，抢占行业主导权；另一方面，通过诸多细分行业的良性互动，促进产业结构进一步优化，延伸产业链条，实现了创意资源共享效益最大化。

近年来，上海市通过积极布局数字创意产业细分市场，结合各细分领域特点，加大投资力度，培育重点企业，取得了一系列优异成绩。在电影方面，“上海出品”成为具有广泛影响力和票房号召力的电影品牌。上海在2019年共生产102部电影，同期增加19%，其中33部进入影院上映，年度累计票房52亿元，占国产片总票房的12.7%。[①] 同时，上海国际电影电视节的影响力不断扩大，已成为亚太地区重大影视活动之一。此外，上海书展秉承“立足上海，服务全国，服务读者”的理念，积极开展“我爱读书，我爱生活”的主题活动，以一个地方性读书活动为起点，逐步增强其影响力，并将其打造成为全国知名的文化品牌。哔哩哔哩、阅文集团、喜马拉雅等上海数字创意企业专注于特定领域，短时间内在各自领域达到领先地位，不但拥有较好的盈利能力，积累了相当规模的用户群体，而且取得了良好的社会效益，品牌美誉度不断提升。

（三）园区建设卓有成效，促进产业的集聚化

上海是发展数字创意产业的先行军，以产业园区为载体，发挥产业集聚效应，通过不断探索新型运营模式，在残酷的市场竞争中脱颖而出。截至2019年，上海全市共有137家市级文创园区。[②] 园区主体发挥自身特色及优势，积极提升品牌价值，使其产生连锁效应，带动园区多业态化发展。例如：

---

① 澎湃新闻.上海出品 | 2019上海电影年终“报告”[EB/OL].(2020-01-22)[2021-11-22].https://www.sohu.com/a/368439989_260616.

② 钟菡.文创产业“点亮”经济新增长点[N].解放日报,2019-07-26(02).

德必集团以自身特色开发了德必易园、德必 WE、运动 LOFT 等不同形式特点的连锁园区类型，以提升自身品牌效应；以直播为主要形式的爱企谷产业园区，引入 5G 网络应用、大数据、云计算等新兴技术打造智慧园区，与 MCN 机构共同构建上海直播网红经济集聚区。

2020 年上半年，上海市发布《关于加快特色产业园区建设促进产业投资的若干政策措施》，加强新型基础设施建设，为园区发展注入新动能。面向在线经济的 12 个重点领域，上海重点加强招商引资和企业培育，打造对世界有较高影响力的在线经济生态园区，形成数字创意发展新产业场景，推动其快速发展。除了数字创意技术方面的园区建设，2020 年，中央美术学院将与港城集团合作开展临港新片区中法国际时尚与创意中心项目，打造上海国际文化创意园区，通过多样的艺术形式，助力高质量的文化创意内容生产，与国际时尚创意产业接轨。这些政策保障了内容与数字基础建设同步并行，进一步推动了数字创意产业的高质量发展。

（四）支撑要素丰富多元，带动产业创新发展

上海市发展数字创意产业的显著优势在于其拥有健全的要素市场，通过全要素间的优化组合促进协同创新，同时强化现代金融、文化资源、高新技术等方面的高效融合。

1.文化资源要素

数字创意产业能够促进传统文化的传承与新兴形态的发展，上海是海派文化发源地，同时有着丰富的红色文化资源，融合数字创意能进一步提升上海文化软实力。海派文化区别于其他地域文化，海派电影、海派文学、海派书画等均是这种文化生态的产物。在民国时期，老上海被誉为“十里洋场”“东方巴黎”，是电影、流行音乐、滑稽戏等文化形态的发源地。作为中国共产党的诞生地，红色文化流淌在上海的城市血脉中。据统计，上海的革命遗址共有 657 处，其中可以开放游览的有 456 处，在分布上呈现出集中性特点。这些文化符号和文化资源都是数字创意产业打响上海文化品牌的抓

手。此外,上海文化创意产业近年来积累下来的 IP,也是发展数字创意产业可资利用的资源。

2.技术要素

上海市是我国的科技中心城市之一,其强大的科技实力能为数字创意产业的研发与供给提供有效支持。随着 AR、VR、5G、大数据、人工智能等技术的成熟,产业间的溢出效应愈发明显,科技成为数字创意产品的表现手段,有利于创意的展示与变现。上海市政府高度重视对科技企业的培育,在 2018 年发布《关于加快本市高新技术企业发展若干意见》等一系列政策文件,从加大高新技术企业培育力度、提升企业技术创新能力、降低企业技术创新成本和提升政府创新服务水平四个方面来保障科技企业的创新环境,推动企业创新技术的应用,激发企业的创新创造活力。《上海统计年鉴 2019》显示,2018 年,上海市 R&D 经费支出高达 1,359.2 亿元,占地区 GDP 比重约为 4.16%,远高于全国平均水平。上述数据表明,上海科技创新环境日益完善,科技创新能力逐步增强,其科技创新中心的地位得到巩固。

3.金融要素

2020 年 3 月,英国智库 Z/Yen 发布的全球金融中心指数显示,上海的排名首次进入全球金融中心的前四位,位居第四,蝉联内地城市首位,这也意味着上海步入世界金融中心的前列。依托金融中心的优势,上海的数字创意企业更容易吸引资本的关注,从而促进企业更好地拓展业务范围及市场规模。

2019 年以来,上海积极拓展文化金融合作渠道,完善多元化的文化金融服务体系,进一步夯实产业发展的金融基础。上海政府推进建设包括浦发银行上海静安支行、招商银行宜山支行等 5 家文化创意特色支行,加大对创意企业的支持力度。同时,上海政府推出相关政策,积极加快上海市文化投融资平台建设,进一步提高服务效能。这些举措极大地缓解了企业的资金压力,有助于上海数字创意产业的进一步发展。

二、存在问题

(一)文化创意与科技创新结合不紧密

上海市力图建设具有全球影响力的科技创新中心,并在政策的引领下对基础设施、金融、人才、知识产权等方面加大投入。我们同时也可以看到,上海繁荣的文化创意产业与强大的科技实力未能实现有效对接,阻碍了文化创意产业的高质量发展。在具有雄厚科技实力的基础上,其数字创意产业增加值仍处于七城市中的偏低位置,这说明上海数字创意企业盈利能力相对较弱,高新技术的创意转化效果不佳。另外,技术的不成熟,以及创意人才不懂技术、技术人才不懂文化等问题,导致文化创意呈现大打折扣,降低了消费者对新兴文化形态的热情,影响企业持续投入的信心。

只有进一步提高创新能力,上海数字创意产业的发展才会有质的飞跃。澳大利亚调查公司 2thinknow 于 2019 年公布了全球创新城市指数(Innovation Cities Index),上海排在 33 位,尽管比上一年上升 2 位,但与其国际大都市的定位依旧存在较大差距。上海数字创意产业没有形成业态与业态间的融合生态系统,面对以 5G 和人工智能所引导的新业态,文化科技企业还没有做好技术革新和融合的准备。就文化创意产业园区而言,张江国家级文化和科技融合示范基地拥有较好的科技基础和一定规模的文化科技企业,但并未形成一个完整的生态系统,在促进文化与科技有效链接方面仍然缺乏一套有效可行的政策给予支撑,为文化科技企业提供创新创业服务和共性技术服务的能力还不足。

(二)产业从业人员相对匮乏

数字创意产业趋向平台化、链条化、生态化发展,致使产业规模不断扩大,新业态层出不穷。因此,无论是在量还是在质上,企业对人才的需求都在逐年增加。上海数字创意人才普遍短缺,无论是数字创意内容制作者,还是数字创意产业管理人员,几乎都处于供不应求的状况。2018 年上海数字创意产业从业人员为 8.69 万[①]，仅高于成都，在七城市中排名靠后。人才是数字创意产业的核心要素，也是各大城市竞相争抢的重要资源，能否提升人才留存率将影响上海市数字创意产业的下一步发展。

上海有着较为完备的人才培养机制，但传统培养方式和培养机制存在缺陷，导致上海的数字创意产业人才培养效率不高，限制了数字创意人才总量的增加。数字创意产业对复合型人才的需求日益增加，导致在人才转化过程中，需加强相应的数字技术培训。受到模式、设备和资金等因素的限制，培训需要付出更高的相对成本，这就加大了人才培养的难度。人才供应不足，极大地限制了上海数字创意产业的发展，并造成产品创意水平低、模仿抄袭等问题，因此如何提升产业从业人员数量和质量成为其发展的关键问题。

三、发展建议

（一）推进科技成果转化，加快发展新兴文化业态

文化内容与数字技术的有效结合是数字创意产业发展的强力助推器。上海整体的科技水平处于全国前列，文化创意内容层出不穷。然而，文化及相关产业增加值及其占地区 GDP 比重，在七城市中均较为靠后，产业整体盈利能力不足。因此，上海亟须通过技术手段与文化内容的高质量结合，提高数字创意产品和服务的价值水平，拓宽营销推广渠道。

上海数字创意产业的发展亟须连接创意与技术这两极。一是要发挥政策引领作用，积极推动文化创意与科技融合，优化外部环境，搭建文化科技服务平台，对文化科技企业实施税收优惠政策。二是转变观念，运用科技思维，创新数字创意产品供给和营销模式，激发市场消费潜能。三是深化互联网思维。自政府工作报告中提出“互联网+”战略规划以来，互联网思维深刻地影响着整个社会的发展轨迹。要进一步推进数字创意产业与互联网商业

---

① 此统计数据仅针对上市数字创意企业。

发展模式相互融合,以更好的文化市场模式迎合新时代的文化消费需求,打造网络文化市场,为文化产业创造新的发展契机。四是数字创意产业要借助技术的力量,对传统文化资源进行创新开发,为非物质文化遗产注入新活力,利用直播、短视频等形式,鼓励民间艺人走出去,对接更广阔的市场和消费者。五是数字创意企业要密切跟踪前沿关键技术研发,灵活运用 AR、VR 等高新技术,丰富创意产品的表现形态,满足人民群众的文化生活需要。六是加强专业人才培养,鼓励交叉学科教学,提高文化创意人才的技术熟练度,使其更好地适应数字创意产业的发展特点。

(二)提高内容开发水平,促进文化创新

上海的文化及相关产业增加值及其占 GDP 比重均排名较后,这与上海的文化创意水平不高有着密切的联系。首先,上海应该更加注重自身传统文化的开发。根据《数字新青年研究报告》显示,年轻人作为文化市场的主要人群,其中近九成都对传统文化感兴趣。因此,在对传统文化进行创新时,既要保留文化内涵,又要迎合现代审美,在现代技术下进行多元化开发,满足不同人群对于以传统文化为核心的新文创的需求。其次,上海需要挖掘更多的优质内容 IP,以“IP+”为核心理念,构建完整的内容 IP 开发链条,多方赋能促进 IP 的创新利用。再次,上海需要整合自身文化资源,孵化更多的优质文化品牌,以品牌带动内容的创意开发,形成集聚效应。对于上海来说,不断提升文化内容的开发水平,促进文化创新,是其发展数字创意产业不可忽视的重要课题。

第二节　中观层面:营商环境

营商环境是指伴随企业活动全过程(包括开办、运营到结束的各环节)的各种周围境况和条件的总和。一个地区营商环境的优劣直接关系到招商引资的多寡,同时也作用于区域内企业的日常经营,最终对该地区的经济发展状况、财税收入、社会就业情况等产生不同程度的影响。在七城市的营商环境排名中,上海居于第三位。其中,二级指标文化环境、市场环境和法律环境在七城市中排名第三,政务环境位列第四。在19项三级指标中仅“人才培养机制完备程度”位居第一。上述指标反映出上海营商环境存在的诸多问题,城市环境宜居性、政府服务意识、产业投融资环境和知识产权体系等都有待提高和完善。上海数字创意产业要想取得长远发展,必须要围绕营商环境付出更多努力。

一、主要成效

(一)文化环境:提升数字公共文化服务水平

上海政府重视文化环境建设,通过完善数字公共文化基础设施、推动数字化平台和体系建设等方面提升数字公共文化服务水平,并鼓励各领域企业以上海文化特点为基础进行文化创新,生产高质量内容,打造开放、包容和多样的文化环境。根据调查研究可知,上海文化环境整体评估位列七城市中的第三位,其中城市文化创新性和数字公共文化服务水平两个三级指标均位居七城市第三,仅次于深圳和杭州两个新兴城市。良好的文化环境吸引了大量数字创意企业入驻,同时也有利于企业进行文化创造和技术创新。

上海作为国际大都市,政府高度重视其数字公共文化服务体系建设,通过出台政策引导和加大资金投入,以满足居民多样化的文化需求。“文化上海云”是全国第一个实现省级区域全覆盖的公共文化数字化服务平台。居民只需点击手机App、微信公众号和网站,即可获取全市文化活动信息,并便捷地参与公共文化服务。2020年2月,上海发布《关于进一步加快智慧城市建设的若干意见》,对城市公共数据进行整理和汇集,不断完善“城市大脑”架构,以此提升数据治理的精准性;推进政务“一网通办”,着力提供智慧公共服务,在医疗、文化、教育等方面提供更为便利的城市服务;实施“一网统管”,加快应急安全智能应用体系的构建,打造“智慧公安”,进一步完善城市监管体系;完善新一代信息基础设施配置,推动5G建设,构筑“城市神经元系统”;大力推动网络空间安全建设,保障从个人到企业的隐私安全。上海通过数字城市建设,进一步完善数字公共文化设施,从各个方面保障居民生活的便利性、可及性和安全性,提升数字公共文化服务水平。

(二)政务环境:为数字创意产业搭台

2017年12月,上海市政府开始促进文化产业转型升级,出台《关于加快本市文化创意产业创新发展的若干意见》(简称“上海文创50条”),旨在提升文创产业竞争力和影响力,全力打响“上海文化”品牌。“上海文创50条”承载着上海推动文化经济的决心,也为数字创意产业的发展提供了政策保障。上海以“上海文创50条”为核心,陆续推出一系列数字创意产业扶持政策,如《关于促进上海电子竞技产业健康发展的若干意见》《关于促进上海动漫游戏产业发展的实施办法》《关于促进上海网络视听产业发展的实施办法》《关于促进上海影视产业发展的实施办法》《关于促进上海文化装备产业发展的实施办法》等,直接面向数字创意产业的多个细分领域,在政府服务、融资、税收、人才等方面加大投入力度。与此同时,上海市还推出了《上海文化创意产业园区管理办法》,完善产业园区建设工作;发布《2019年度上海市促进文化创意产业发展财政扶持资金项目申报指南》,助力产业持续发展。在这一套政策组合拳下,上海数字创意企业的政务环境得到优化,数字创意产业发展迎来利好。

除了制定系统化的文化政策,上海市政府积极为企业搭台的做法,也受到了数字创意企业的广泛欢迎。比如,“上海文创50条”中提出建设全球电竞之都、全球影视创制中心的目标,不仅体现在陆续出台的相关政策中,还体现在众多推介会、博览会、重大赛事等特色活动的举办上。

作为二次元文化颇为发达的城市,上海依托良好的政务环境,在政府及其他公共部门的联合支持下,举办了众多品牌会展活动来推广动漫游戏产品。由新闻出版署等部门指导的中国国际数码互动娱乐展览会(简称:ChinaJoy),已经成为全球数字娱乐领域最具影响力的活动之一。2020年,ChinaJoy以“科技·引领数字娱乐新浪潮”为主题,吸引近200家中外数字娱乐企业参展,有效地促进了数字创意产业之间的交流,并且为其进一步的合作搭台,实现国内优质项目与国际的对接。

随着电子竞技得到社会的认可,上海正在加速打造“全球电竞之都”,其电竞产业的迅速发展离不开政府对相关赛事的大力支持。诸多电竞赛事在沪举办,包括DOTA2亚洲邀请赛、英雄联盟职业联赛等全球范围内的顶尖电竞赛事。根据上海市新闻出版局联合伽马数据发布的《2019上海电子竞技产业发展评估报告》,截至2019年5月,上海市电竞俱乐部的数量达到175家。上海政府在2019年出台的《电竞场馆建设规范》和《电竞场馆运营服务规范》中,明确了电竞场馆的基础设施配套建设,规定服务设施、场所安全、工作人员技能和素质的要求,进一步规范电竞场馆、俱乐部的建设。电子竞技依托良好的政务环境,在赛事举办和俱乐部建设上都获得了来自政府的大力支持,促使上海成为国内电竞产业的领先城市。

(三)市场环境:完备的人才引培体系

良好的市场环境作为一个产业快速且持续发展的重要影响因素,是上海推动数字创意产业发展的关键。调研报告显示,上海在市场环境的整体评估中位列七城市的第三位,三级指标人才培养机制完备程度,位列七城之首,人才引进力度和高端人才留存能力位列第三。可见上海具备相对完善的人才保障机制。但在数字创意企业市场融资渠道评估中,其排名相对靠后。因此,上海在市场环境方面既有自身的优势,也存在一些不足,还需要政府与社会的持续努力。

上海不断推出有利于创意人才集聚的举措,以完善人才的培养和留存体系,推动产业的高速发展。例如,2018年上海市委宣传部等13个部门共同制定了《关于促进上海动漫游戏产业发展的实施办法》,建立动漫人才专项基金，用于培养优秀的动漫人才，助力动漫产业高质量、可持续发展。2019年12月，中国唯一一家国家级电子竞技人才实训基地正式落户上海，将带来上海电竞行业人才质与量的提升。2019年猎聘发布的《2019年中国电竞行业中高端人才吸引力报告》显示，上海对电竞人才的需求占比28%，居全国首位，为电竞人才提供了大量的就业机会。同时，上海电竞产业薪资也领先于其他地区，使得全国33%的电竞人才都聚集在上海。人才培养和留存体系的建立健全，有助于促进人才要素的合理流动，增强数字创意产业从业人员的素质，推动数字创意产业健康、快速发展。

二、存在问题

（一）城市居住环境亟须优化

城市是人类区域活动的中心，如今人们的生活水平不断提高，对城市宜居环境的要求也越来越高。然而，伴随大量人口涌入城市，环境污染、能源短缺、交通堵塞、高房价引起的居住困难等问题日益凸显。此外，陈旧的户籍制度也限制了人才的流动，束缚了企业的发展。因此，营造城市宜居环境，是人们日益增长的美好生活需要，也有助于城市营商环境的塑造。

上海作为我国传统一线城市和国际化大都市，同样存在上述城市环境的问题，对其营商环境造成负面影响，导致其城市宜居性指标排在七个城市中的第五位，与深圳并列，仅高于北京。数字创意产业高度依赖创意人才和技术人才，此类人才对城市居住舒适度的要求高，偏向在环境优美、社会安全、生活舒适、文化积淀深厚的城市环境中居住。这就对上海的城市宜居环境建设提出新的要求。

（二）政府服务意识和服务精准度有待提高

我国正在积极建设服务型政府，深化“放管服”改革，使政府成为让人民满意的政府。对于数字创意产业这样的新兴业态而言，政府的服务意识主要体现在其对数字创意企业的了解程度、推广力度和帮扶精准度上。因而，深入了解数字创意产业的运营规律和发展特点，厘清管理职责和边界，提高政府工作人员的服务意识，成为政府的必要任务。反之，如果政府部门对数字创意产业产生认知偏差，就将会影响产业的有序发展。根据问卷调查结果可知，上海市对数字创意企业的宣传推广力度、融资扶持力度及文化项目扶持力度，均排在七城市中的第四位，这就反映出政府同企业存在距离感，难以建立起积极的互动关系，造成效率低下、资源浪费等问题，极大地限制了产业的发展。

（三）资金需求与融资困难的矛盾显著

近年来，我国文化企业融资难的问题日益凸显。对以小微企业为主体的上海数字创意企业而言，融资问题是其面临的首要问题。数字创意产业是一个高资金投入的行业，不仅要进行内容生产，而且还需依托数字技术，创意孵化、转化等阶段都承担着高昂的成本。如今，国内一部动漫作品的成本已经超过千万元人民币，电影成本更是动辄上亿元。但是数字创意企业规模体量小，缺乏抵押担保，其版权、著作权等精神产品无法量化评估，致使投资行为存在高风险，这就导致一般数字创意企业难以获得银行贷款。单一的融资渠道造成可替代的资金获取渠道较少，在一定程度上也制约了企业的业务拓展和规模扩张。

尽管 2018 年上海针对中小数字创意企业提供了银行信贷风险补偿、文创保险等金融产品和服务，但规范化政策还未完全实现市场的“去泡沫化”，随着整体的融资金额同比下降，大中型数字创意企业得到了融资保障，处于起步阶段的小微数字创意企业失去资本方的关注。资金限制致使其无法进行有效的内容产出，难以形成品牌优势。此类问题反映出上海市数字创意产业投融资体系的不健全，熟悉数字创意产业领域的投融资人才欠缺，相关政策针对性偏差。

（四）细分领域知识产权保护体系有待健全

尽管上海在知识产权治理上有所成效，在三级指标中，知识产权审批流程、知识产权保护措施和企业维权行为的保障力度均位列七城第三，但由于数字技术发展迅速，在细分领域上，一些“抄袭”和“盗取”的手段层出不穷。这导致上海在知识产权领域拥有较高治理能力后，却依然不能根除此类问题，因而，还是需要有针对性地对细分领域知识产权保护体系进行完善。例如，在网络音乐产业方面，盗版方借用数字技术进行窃取，极大地提升了复制的便利性和追踪的复杂性，网络音乐盗版层出不穷，对线上线下音乐产业都造成了冲击，因而网络音乐的知识产权是不可忽略的重要课题。在网络文化方面，上海阅文集团通过建立独立团队来保障其作品的正版权益。2019 年，尽管阅文集团重点打击侵权行为，处理下架了近 2,000 万条侵权链接，根据艾瑞咨询数据显示，2019 年中国网络文学行业盗版损失依旧超 56.4 亿元。① 这是由于“盗窃者”变得更隐蔽和更懂法律，潜藏在互联网的大量非法中小型网站依旧在侵犯正版的利益。因此，单靠加强治理并不能杜绝此类问题，如何完善细分领域的知识产权保护体系，使其更加符合数字创意产业的需要，是数字创意产业实现产业健康快速发展所不可回避的问题。

三、发展建议

(一)提高城市舒适度，塑造城市宜居环境

提高城市居住舒适度，塑造城市宜居环境，从而吸引更多的优秀企业和人才，有利于上海数字创意产业的整体发展。

改善上海市的宜居环境，首要任务是完善基础设施建设，方便居民的工作生活。城市宜居性的优劣主要体现在居民生活便利程度的高低上。首先，通过建造科学的交通网络体系、增加公共生活设施等方式来提升居民生活水平，开发保障性住房以解决中低收入阶层住房需求，形成人才集聚效应。其次，树立环境优先理念，打造生态宜居城市。增加绿化面积，改善人

① 艾瑞咨询.2020 年中国网络文学版权保护研究报告[EB/OL].(2020-06-19)[2021-11-22].http://baijiahao.baidu.com/s? id=1670715067149110415&wfr=spider&for=pc.

居环境，坚持垃圾分类原则，鼓励人人参与、人人贡献。再次，打造城市软环境，涵养人文生态。加强公民教育，提升市民素质；充分利用上海文化的优势，开展丰富多样的、接地气的文化活动，打响上海文化的品牌；建设新型文化空间和文化景观，塑造城市精神。最后，加快户籍制度改革，推动落实户籍制度相关的配套改革措施，积极探索积分落户的新模式，完善社会保障体系，让人才流动更加顺畅，更好地适应市场经济发展的需要。

（二）增强政府服务意识，改善城市营商环境

良好的营商环境是城市吸引企业入驻的关键，更是企业可持续发展的支撑。上海数字创意产业的发展必须建构在良好的营商环境之上，因此，政府不仅要继续加强对数字创意产业的宣传推广力度，树立包容、开放的上海文化形象，还要努力增强政府服务意识，加大帮扶力度和精准度。

相关工作部门应当转换自身职能，在职能上由管理向服务转变，简化网络文化经营许可审批流程，提高审批效率；结合互联网时代特征，进一步完善电子政务平台，增强政府工作透明度，提高行政办公质量；深入了解数字创意产业的现状特点和发展趋势，重点关注中小微企业的经营状况，加大宣传推广力度，给予更加精准的扶持；依托“上海文创50条”，持续释放政策红利，发挥政策延展作用，结合上海数字创意产业发展实际情况制定针对性政策。上级主管部门要监督政策的落地情况，与数字创意企业建立长效沟通机制，确保实际操作过程中政策的有效性。要完善数字创意产业行业组织与机构建设，使其成为政府与企业沟通的纽带。

（三）推动金融创新，改善产业融资环境

提升数字创意产业竞争力，上海应注重发挥金融中心的区位优势，推动文化金融合作向纵深发展，借鉴国内外先进经验，不断拓宽数字创意产业融资渠道，不断提升金融服务的针对性，尤其是对小微型数字创意企业提供资金支持。

政府应当创新金融政策，加大税收减免力度，鼓励社会资本进入数字创

意产业,放宽文化金融领域的准入门槛;加快完成对数字创意企业的“去泡沫化”,维护实干企业;加强上海数字创意产业投融资服务平台建设,优化平台服务,为企业与资本搭建桥梁;建立数字创意产业投资基金,帮助企业合理规避风险,解决文化类企业回报周期长的问题;构建网络数字创意产业信息服务平台,实时发布文化金融领域信息,为企业提供金融咨询服务,提高文化金融服务的专业化、产业化水平。

解决数字创意产业融资难的问题,一个良好的金融体系是必不可少的。应通过创新和完善投融资体制,构建包括民间资本在内的多元化投融资主体,拓宽投融资渠道,为数字创意产业发展提供资金保障。此外,还应完善风险分担机制,预测和防控投融资风险,以此提升数字创意产业的社会资本吸引力,打通融资大道。

(四)创新管理机制,加大知识产权保护力度

知识产权是数字创意企业的主要财产和收入来源,上海数字创意产业的茁壮成长离不开良好的知识产权环境。因此,针对细分领域的需求,进一步完善知识产权体系是不可忽视的任务。首先,需要树立正确的知识产权保护意识,丰富不同细分领域知识产权法律法规和政策文件的宣传活动,鼓励企业开展知识产权教育和培训。其次,相关部门应该深入了解不同细分领域对知识产权保护的不同需求,提升其自我保护意识,针对性地提供相应的服务。再次,要营造“不敢、不愿”的法律氛围,加大对知识产权侵权行为的惩罚力度,提高侵权成本。最后,要加强行业自律,发挥行业协会的自我监督管理职能,维护行业的公平竞争和正当利益。

面对猖獗的互联网盗版侵权行为,相关政府部门应创新监管机制,共同打击侵权盗版行为,健全事前、事中、事后并行的处理体制,妥善处理侵权违法案件。结合互联网侵权界定困难、法律法规难以适应数字技术的更新速度等问题,转换思路,创新知识产权保护机制,充分运用现代科技弥补法律的缺陷,构建合理实用的救济体系,维护互联网知识产权所有者的权益。

第三节 微观层面:企业效益

企业作为宏观经济的微观主体,能够直接反映出一个产业的综合实力。上海数字创意企业在细分领域内的影响力不容忽视,哔哩哔哩、阅文集团、喜马拉雅等企业已然成为头部企业,影响着行业标准和规则。然而,在本次七城市数字创意产业竞争力评估中,上海的企业效益总体排名第四。在二级指标经济效益评估中仅排七城市第四。其中,无论是反映企业规模的资产总额、反映企业盈利能力的总利润额,还是反映企业核心竞争力的高新技术成果开发转化能力等三级指标排名均相对靠后。而在社会效益评估中,上海居七城市第二,社会影响力和企业文化形象两个三级指标的排名都较靠前,反映出上海数字创意企业现存的优势。

一、主要成效

(一)头部企业经济效益和社会效益显著

作为上海数字创意企业的领头羊,哔哩哔哩和阅文集团分别形成了以视频和文学内容为基础的产业生态,对自身内容进行多形式、多样化的产出。同时,它们承担起社会责任,树立正面文化形象,充分发挥自身的文化和社会影响力,对大众进行正确的引导,达到了较高的经济与社会效益。

1.哔哩哔哩

作为国内知名的视频弹幕网站,哔哩哔哩被用户称为“B 站”。2019 年,B 站日活跃用户 3,800 万,同比增加 41%;月度活跃用户同比增长 40%,达到 1.3 亿人,用户平均每天在 B 站花费时间长达 77 分钟;年度总营收达 67.8 亿元,同比增长 64%,其中移动游戏、直播和增值服务等均实现了较同期大幅度增长。[①] 以视频平台为基础，B 站通过同其他业态的融合发展，取得了较好的经济效益。除此之外，B 站多样化的视频内容，还带动了美食、美妆、科技、动漫产业衍生产品等市场的消费。B 站为原创内容上传者(up 主)提供了平台，通过鼓励内容创作，为其带来不菲的收入，为文化创意工作者提供了新天地。

在社会效益方面，作为国内影响力颇大的亚文化聚集地，B 站是一个以年轻群体为主要目标人群的视频社区。其用户年龄段集中在 90 后、95 后、00 后。除动漫新番、电视剧等视频内容外，B 站大多数内容来自 up 主的搬运、创作和二次创作。B 站平台结构和内容创作形式具有极高的互动性，并形成了多元化的文化创作圈子，满足了年轻群体对多样化内容的需求。除此之外，B 站还带动年轻人积极参与到公益活动中。2020 年 4 月，B 站联合美丽中国策划了一场“读书等身”公益活动，每有一位 up 主发布以“读书等身”为主题的视频，B 站就向乡村学校捐赠一本书，最终共捐出 11, 697 本书。主题视频内容还带动了用户主动捐赠图书，为教育一体化和提高农村教育质量做出贡献。在活动当天，学习类 up 主还进行了直播活动，向大家介绍好书，推动全民阅读，取得了良好的社会反响。

2.阅文集团

阅文集团是引领行业的正版数字阅读平台和文学 IP 培育平台，其旗下囊括 QQ 阅读、起点中文网等业界知名品牌，拥有 770 万名创作者、1, 120 余万部作品储备、覆盖 200 多种内容品类，占据国内 90%的 IP 改编市场份额。[②] 阅文 2019 年度总营收约为人民币 83.5 亿元，同比增长 65.7%；版权运营业务收入达 44.2 亿元，同比激增 341.0%，变现能力不断增强；月活跃用户

① 新华网.哔哩哔哩 2019 年 Q4 及全年财报：全年营收 67.8 亿元，同比增长 64%[EB/OL].(2020-03-18)[2021-11-22].http://baijiahao.baidu.com/s? id=1661474051929619907&wfr=spider&for=pc.

② 列巴.青工委携手阅文集团：让年轻创作者们共同打造当下的中国好故事[EB/OL].(2019-07-29)[2021-11-22].https://www.sohu.com/a/330029434_159592.

达到2.2亿人，同比增长620万人，用户数量稳定增加。[①] 阅文集团形成了“版权销售+联合开发+IP自制开发”的三驾马车模式，IP全产业链服务体系全面落地。立足于优秀的网络文学作品，通过全产业链整合开发，阅文集团品牌已经渗透到影视、动漫等多个数字创意行业，为其他上海数字创意企业提供了可资借鉴的经营模式。比如，根据经典小说《斗罗大陆》改编的手游《新斗罗大陆》，仅5个月下载量就突破了1,000万。

阅文集团以自身的内容优势为出发点，开展以书籍、阅读为主题的公益行动，在提升自身影响力的同时也带动了更多的人参与其中，产生了较好的社会效益。2019年11月，阅文集团在上海和北京举办了以“守护星星的孩子”为主题的公益日活动，通过“公益集市”“公益画廊”和“工艺品DIY”等活动形式，对自闭症儿童制作的创意产品进行义卖，并将所有款项统一捐赠给上海浦东新区辅读学校，关爱孩子们的生活与健康。2020年1月，阅文集团旗下的QQ阅读App建立了“科学防护，共度时艰”免费阅读专区，以帮助全民在居家防疫时期了解相关知识，采取正确的防疫措施。

（二）特色数字创意企业竞争力更为显著

上海数字创意产业最突出的特点是其独树一帜的特色数字创意企业。特色数字创意企业是指在数字创意产业的垂直细分领域开展经营的企业主体，这些新兴企业经济效益显著，充满朝气，常年深耕于某一领域，号召力不容小觑。特色数字创意企业作为文化产业的经营主体，其产品及服务蕴含文化附加值，易产生用户黏性，因而它在引导文化价值观、塑造文化认同方面发挥着重要作用。上海的特色数字创意企业包括喜马拉雅、盛趣游戏等。

1.数字音频特色企业

移动互联时代，有声书日益发展成为人们阅读的新载体。喜马拉雅FM

---

① 芦依.阅文2019年报：版权运营收入涨341%至44.2亿，成收入大头[EB/OL].(2020-03-17)[2021-11-22].http://www.sohu.com/a/380866028_116132.

作为国内发展较快、规模较大的在线移动音频分享平台，以多样化的内容满足了不同人群的文化需求，以付费等方式丰富了文化消费形态。2019 年，喜马拉雅第四届“123 知识狂欢节”总销售额同比增长 90%，达到了 8.28 亿元，可见作为喜马拉雅 FM 主要收入来源之一的知识付费潜力巨大。喜马拉雅至少创造了 30 万个就业机会，并且诞生了近 200 位年收入 100 万元以上的主播，个人创作者逐渐发展为 MCN 机构，并通过知识付费、广告、直播、有声书四种模式实现商业变现。2020 年喜马拉雅 FM 与中央广播电视总台版权交易中心签订独家音频战略，除现有资源的共享实现双赢外，还将在 IP 孵化、内容开发等方面展开多角度合作，产出优质内容，带动产业经济效益提升。

2. 电子游戏特色企业

在数字创意产业中，电子游戏市场一直是不可忽略的。新兴技术的快速发展促进了电子游戏的业态变革。盛趣游戏（原盛大游戏）成立于 1999 年，是全球领先的网络游戏开发商、运营商和发行商，旗下有 70 余款网络游戏产品，注册用户超过 21 亿。2019 全年，盛趣游戏总营收达到 62.53 亿元，同比增长 41%，净利润为 25 亿元。[①] 其围绕“精品研发、全球发行、IP 管理、新文化产业生态圈”四大战略，不断深耕游戏领域。盛趣游戏还主动开拓海外市场，将优秀的游戏产品出口到全球 80 多个国家，并建立了多个全球运营中心，成为海外市场增长最快的国内网游企业之一。

（三）新兴文化科技企业支撑作用较突出

科技企业能够为数字创意产业提供技术支持和物质保障，为相关企业制造所需装备。2018 年，上海文化装备生产增加值为 188.97 亿元，占文化产

---

① 北京商报.盛趣游戏 2019 净利同比增长 12.2% 昔日大佬重拾辉煌？[EB/OL].(2020-05-30)[2021-11-22].http://m.bbtrews.com.cn/article/197017.

业增加值的 8.62%，继续保持增长态势。[①] 作为先进制造业和新兴战略性产业的组成部分，上海文化装备产业加大研发成果转化力度，加快“走出去”步伐，培育了一批本土文化装备企业，产业链功能布局成效显现。

就火热的 VR/AR 领域而言，上海作为 VR/AR 领域开发和应用起步较早的城市，直接从事 VR/AR 业务的企业约为 180 家。2017 年成立的上海虚拟现实与增强现实产业联盟，现已有上海及周边地区的 80 多家企业和机构成员。上海以技术联盟推动产业生态建设，扩大市场规模，形成集聚性经济效益。

对于图形传输带宽、中央处理器速度要求越来越高的 VR/AR 行业来说，生产专用芯片是必然的发展趋势，也是上海实现产业超越的重要机遇。上海作为中国芯片制造业的基地，拥有中芯国际、华虹芯片等集成电路芯片制造公司，其市场已经扩大至全球范围。

二、存在问题

(一) 头部企业带动效应较弱

头部企业对于一个城市数字创意产业的带动作用巨大，本次统计数据显示，深圳企业年度总营收指标排在七城之首，这与腾讯集团所发挥的头部带动作用密切相关。在过去 20 年的发展过程中，腾讯在社交软件、游戏、影视、动漫等数字创意领域积累了丰硕的成果，它凭借多年积累的游戏版权和先进的运营模式，已经成为深圳数字创意产业发展的主力军。同样，北京的百度，杭州的阿里、网易，这些头部企业都拥有强大的品牌号召力，是一个城市的名片，引领着行业的创新与变革。

上海虽然拥有 114 家上市数字创意企业，但其缺乏综合实力强、资产规

---

① 中共上海市委宣传部文化改革发展办公室，上海市文化事业管理处.《2019 年上海文化产业发展报告》发布[EB/OL].(2020-04-24)[2021-11-22].http://www.ci-360.com/wenchanwang/xinwenzhongxin/zuixindongtai/2020/0424/64319.html.

模大的头部企业，整个行业的企业资产总额在七城市中排名靠后，仅为2287.07亿元，这就造成资源分配过于分散、产业链得不到整合，延缓了产业发展进程。

（二）企业整体盈利能力不足

上海数字创意企业面临着盈利模式单一、产品创意匮乏和同质化严重等问题，大部分数字创意企业依赖广告收入维持生存，缺乏核心竞争力。2018年，上海数字创意企业年度总营收为1,843.85亿元，位列七城市第四，总利润额仅为99.64亿元，处于七城市中的第六名。这在很大程度上制约了企业规模的扩张，使其难以在激烈的市场竞争中立足。

虽然我国文化市场巨大，但是由于知识产权保护体系仍然存在缺陷，网络盗版侵权行为频发，再加上企业缺乏市场运作经验，使得上海数字创意企业无法有效对接文化消费需求。此外，数字创意产品制作成本逐年递增，给企业带来更大的盈利压力，使其不得不通过植入广告等手段平衡收支，造成产品水准降低，影响产业正常发展。

（三）小微企业生存压力较大

鉴于数字创意产业的文化属性，仅有少量员工和设备就可以实现企业的正常运营。与大中型企业相比，小微企业普遍生产规模较小，提供的产品单一，企业整体利润不高，抗风险能力弱。小微企业进行持续性的生产活动时，会面临资金断裂或不足的情况，由于融资渠道狭窄，还会有破产的风险。再加上政策缺乏连贯性、税收压力大等问题，上海的小微数字创意企业发展举步维艰。

由国家统计局上海调查总队承担的上海小微企业发展调查中，随机抽选了上海550家小微企业，获得有效调查样本537个，被调查企业整体经营状况不乐观。从营业收入看，54.4%的企业2015年全年收入低于200万元，仅三成企业2015年营业收入较2014年有所增加；从收益情况看，32.9%的企业盈利，35.4%盈亏基本平衡，另有31.7%亏损，其中处于创业阶段的企业更为困难,仅一成企业盈利,处于亏损的企业高达 55.0%。[①]

三、发展建议

(一)发挥特色企业优势,培育优质头部企业

特色数字创意企业是上海区别于其他城市的最主要特点,它承载的无穷潜力给予上海突出的竞争优势。稳固好细分市场的主导地位,丰富产品盈利模式,打通产业链上下游,是上海特色数字创意企业下一步的发展方向。与此同时,特色数字创意企业应当取长补短,发挥集聚效应,促进 IP 的流动,发挥出创意资源的全部价值。要鼓励诸如哔哩哔哩等特色数字创意企业做大做强、多元化经营,从而迈向头部企业的发展轨道。

上海亟须培育一批综合性头部企业,发挥头部带动作用,引领地区数字创意企业齐头并进。政府应持续推进简政放权,实现放管结合,突出服务职能,优化营商环境,激发市场主体活力。企业应积极与国内高校进行合作,建立联合研发机构,激发技术创新潜能,引导企业向技术综合型升级。数字创意企业要树立起品牌意识,塑造良好的市场形象;紧抓市场热点,注重原创优质内容的开发,提高文化创意的内涵;促进文化创意与科技的有效链接,提高企业核心竞争力;积极推进全产业链布局,促进 IP 资源的转化效率;通过并购重组,加强企业优势或弥补企业短板,拓展业务边界,整合产业上下游,形成产业闭环。企业在注重经济效益的同时,兼顾社会效益,弘扬中华优秀传统文化。

(二)创新生产盈利模式,提升企业经营能力

上海数字创意企业亟须扩大营收,提升盈利能力。首先,要坚持内容为王。优质的文化创意内容是企业盈利的基石,能够迅速积累消费者,形成口

---

① 国家统计局上海调查总队.上海小微企业发展情况[EB/OL].(2018-12-13)[2021-11-22].http://www.shtong.gov.cn/dfz_web/DFZ/Info?idnode=251746&tableName=userobject1a&id=411990.

碑优势,为后期变现提供条件。以美国流媒体公司奈飞(Netflix)为例,它通过提供高水准的自制内容,优化用户体验,实现了用户的持续增长。它的出现也改变了整个美国电视剧行业的发展业态——从过去低成本的肥皂剧模式转向了高成本的精品大制作。其次,延伸产业链条,促进可持续发展。企业延伸产业链,可以提升对产业的全方位掌握,从而丰富盈利模式,获取更多的经济价值。以漫威为例,从一家漫画公司发展到如今的娱乐文化巨头,漫威正是围绕IP资源,以全产业链开发的方式进行衍生品授权和电影制作,取得了世界范围内的影响力。再次,创新盈利模式,积极探索内容付费新形态。动漫、影视、游戏等数字创意领域主要通过广告、会员业务获取收益,但是广告容易影响数字创意产品的质量,会员业务又存在"天花板",这些手段都不是企业长期盈利的最优选择。因此,要继续培育消费者的内容付费习惯,从流量经济转向付费经济;结合时代特征、生活方式、消费需求,创新盈利模式;加强成本控制,开拓多元的营收渠道,带动企业发展。

(三)推动政企双管齐下,助力小微企业发展

小微企业是数字创意产业发展的生力军、就业的主渠道、创新的重要源泉,促进小微数字创意企业健康发展,有利于数字创意产业的技术创新、创意开发和人才培养,以及上海数字创意产业竞争力的提升。因此,要从企业和政府两个层面出发,推动上海的小微数字创意企业发展。

小微数字创意企业多为初创企业,存在各种经营问题。因此,首先,要明确自身的核心竞争力,提升经营管理能力,建立完善的现代企业制度,让管理更加科学、高效。其次,作为数字创意企业,必须增强创新能力,建立协同创新机制,实现创新驱动发展。再次,小微企业要不断拓宽融资渠道,避免资金不足带来的种种问题。最后,要加强人才建设,坚持引进与培养共举,在引进高端的人才的同时,也要注重对现有员工的培养,提升整体能力水平。

在政府层面,第一,政府要确保已出台的各项扶持政策落实到位,并根

据落实情况和企业意见，进行合理科学的政策规划，不断完善扶持小微企业发展的政策法规体系。第二，促进小微企业健康发展，营造公平的发展环境。一方面，相关行政部门要能够规范自身建设，同时做到执法的正确、规范和透明；另一方面，需要进一步完善企业维权机制，如正确发挥行业协会在维权方面的作用，保证信息公开和强化社会监督等。第三，建立小微企业服务平台，发挥中介作用，为小微企业提供必要、有效的服务。第四，应降低小微企业创新成本，推出一批普惠性税收减免措施，缓解小微企业的资金压力。第五，完善针对小微企业的金融服务体系。结合小微企业的特点，大型银行应提供更多样化的小型金融产品和服务类型，以满足小微企业的需求。

上海数字创意产业竞争力相对较弱，其产业竞争力在七个城市中位居第四，并不符合上海国际大都市的定位。三个一级指标在七城市排名中均处于中间位置。从产业状况层面来看，上海位列第四，其数字创意企业众多，R&D 支出占地区 GDP 比重较高，推动了高新技术企业的培育，但仍要进一步促进科技与文化创意的有效链接、提升人才引培效率，助力产业规模进一步扩大。从营商环境层面来看，上海不断优化文化、政务、市场和法律环境，在数字公共文化服务水平、人才培养机制完备程度和知识产权治理等方面取得显著成效；但仍存在城市宜居性较低、政府服务的精准度不足、小微企业的资金和融资困难、细分领域知识产权体系不够完善等问题。然而，从整体上看，上海相较其他六城市表现不差，营商环境排名第三。从企业效益层面来看，上海企业在社会效益上取得了较大成效，企业的社会影响力和文化形象三级指标都位居前列，但在经济效益上，上海企业整体盈利不足、头部企业带动力较弱以及小微企业生存困难的问题较为凸显，这导致上海的企业效益在七城市中仅排在第四位。针对上海数字创意产业发展现状，政府、相关部门、企业等多元主体要共同探索优化路径，不断为数字创意产业赋能，促进其快速发展。

第四章　广州数字创意产业发展现状及对策建议

作为粤港澳大湾区与珠江三角洲经济区的核心城市,广州在数字创意产业领域的发展潜力较大。该城市历史悠久,文化底蕴深厚,为数字创意产业的文化内容创作、生产提供了有力保障。同时,其以现代服务业为核心的第三产业发展态势良好,数字经济产业基础与基础设施建设较好,这也为数字创意产业快速发展打下了坚实基础。近年来,广州数字创意产业营收不断上涨,在网络游戏、动漫产业、数字音乐等领域稳居全国前列。

作为战略性新兴产业,数字创意产业对于优化升级广州产业结构具有重要意义。本研究使用熵权法对北京、上海、广州、深圳、杭州、南京、成都七座城市的数字创意产业竞争力进行评估,从宏观、中观、微观三个层面,围绕产业状况、营商环境和企业效益三个评测维度对七城市进行评分、排名。综合本次评估结果,广州在七城市数字创意产业竞争力综合排名中位列第五,居第二梯队。就具体指标而言,其产业状况、营商环境位列第五,企业投入产出能力排名第六。研究结果表明,作为老牌一线城市,广州的数字创意产业竞争力稍显不足,与其他四座一线城市存在较大差距,尤其存在着产业结构性失衡、创新驱动不足、营商环境有待优化、企业投入产出能力不足等问题。未来一段时间,广州应明确数字创意产业的发展方向,不断优化文化环境、市场环境、法律环境,吸引更多数字创意企业与人才入驻,推动本地区数字创意企业快速发展,提升广州数字创意产业整体竞争力。

第一节 宏观层面:产业状况

广州在数字创意产业领域已取得一定发展成果,但与北京、上海、杭州、深圳四座城市横向比较,广州在宏观层面所取得的成绩并不亮眼。其产业状况在七座城市中位列第五,在产业规模、产业创新两项二级指标中分别位列第五和第四。具体来看,广州虽完善了顶层设计,推动区域特色发展,科技孵化卓有成效,但其产业结构性失衡、研发经费及研发强度不足等问题,严重阻碍了广州数字创意产业的发展。在未来的一段时期里,广州应当抓住"湾区"与"城市群"发展机遇,着力培育文化消费群体,加大科研创新投入力度,拓展海外市场。

一、主要成效

(一)顶层设计持续发力

自古以来,广州就在制造业等领域具有得天独厚的产业区位条件。随着国家战略调整,广州被赋予了新的使命。根据党中央战略部署,未来一段时间,广州将努力推动实现老城市新活力、"四个出新出彩"整体布局,坚持把做实、做强、做优实体经济作为主攻方向,实现传统产业转型升级与数字创意产业发展壮大两手抓。为实现这一目标,近年来,广州陆续出台有关政策措施,努力打造以战略性新兴产业为先导、先进制造业和现代服务业为主体的产业结构。

2006 年,《广州市国民经济和社会发展"十一五"规划纲要》要求发展软件、网络游戏、动漫产业,并将网络游戏、动漫产业作为广州市新的经济增长点。[①] 此项政策的出台标志着广州数字创意产业发展框架已基本确定,即重

① 广州市国民经济和社会发展"十一五"规划纲要[EB/OL].(2006-06-30)[2020-11-22].http://www.gd.gov.cn/govpub/jhgh/sywgy/200607/t20060703_3484.html.

点发展网络游戏、数字动漫、数字音乐产业，同时带动其他数字创意产业共同发展。

2019 年，《粤港澳大湾区发展规划纲要》和《国家数字经济创新发展试验区实施方案》相继出台，两项政策站位粤港澳大湾区、面向全球，对广州在内的多座城市提出较高的发展要求，推动广州加快构建数字创新型城市。为贯彻落实方针政策和工作部署，2020 年 4 月，广州市人民政府印发《广州市加快打造数字经济创新引领型城市的若干措施》，此项文件是广州数字经济创新发展的首份纲领性文件。文件要求广州加快打造数字经济创新引领型城市，使广州成为粤港澳数字要素流通试验田、全国数字核心技术策源地、全球数字产业变革新标杆。①

(二) 区域发展各具特色

广州数字创意产业布局清晰，海珠区、天河区等五个城区充分发挥区位优势，数字创意产业发展各具特色。

海珠区重点围绕互联网产业发展。2016 年，广州市政府印发有关文件提出要将海珠区建设成为互联网产业服务体系完善的琶洲新型 CBD 核心区。② 2018 年，广州互联网法院在琶洲成立，腾讯、唯品会等多家龙头企业进驻琶洲，海珠区逐步凸显其创新资源的集聚效应与辐射效应。

天河区重点打造现代服务业。截至 2018 年年底，该区高新技术企业数量居全市第一，新一代信息技术、现代服务业等主导产业迅速增值。区内建有广州高新技术产业开发区，获批建设多个国家级示范基地。

黄埔区行政区与经济功能区融合发展，科技创新能力不断增强。自 2014 年起，黄埔区与广州开发区合署办公。此项调整推动黄埔区在数字创

---

① 广州市政府.广州市加快打造数字经济创新引领型城市的若干措施[EB/OL].(2020-04-09)[2020-11-22].http://www.gz.gov.cn/zwgk/fggw/szfwj/content/post_5784608.html.

② 广州市工业和信息化委员会.琶洲互联网创新聚集聚区产业发展规划(2016—2025 年)[EB/OL].(2017-11-14)[2020-11-22].http://www.gz.gov.cn/zwgk/ghjh/zxgh/content/post_3089436.html.

意产业领域快速发展，建设了广州大湾区数字娱乐产业园，重点围绕电竞产业链优化升级，加速聚集培育动漫网游、数字影视等新型文化业态。

番禺区充分利用人才优势，发挥粤港澳大湾区“智库”作用。借助人才优势，创新技术服务模式，形成完整的技术产品体系。

南沙区发挥地缘优势，积极推进粤港澳合作建设。该城区旨在打造港澳青年北上创新创业首选地，建设多个港澳青年创新创业孵化基地。2018年，粤港澳（国际）青年创新工场、“创汇谷”已进驻港澳青创团队83个。[①]

近年来，广州在传统城区发展成熟的基础上，提出联动城区共同打造试验区，数字创意产业发展成效显著。2020年，广州人工智能与数字经济试验区（以下简称“试验区”）项目动工。试验区充分发挥海珠、番禺、黄埔、天河四区优势，以黄埔区块链、越秀超高清视频、番禺大数据、南沙数字海洋、白云数字科技等区域型集聚区为支撑实现协同发展。

（三）科技孵化稳步推进

广州高度注重科技创新工作，坚持把科技创新引领作为数字创意产业发展的首要动力。广州在科研投入方面的表现较为突出，2018年R&D经费支出为600.17亿元，占地区GDP比重2.63%，位列第四。广州高新技术企业（包含境外上市、A股上市、新三板上市公司）数量高达8391家，紧随北京、深圳、上海之后。在培育优质企业与创业团队方面，广州不断加大力度，截至2018年年底，广州拥有国家级孵化器26家，国家级孵化器培育单位41家，孵化面积达1050万平方米。[②] 亮眼的数据得益于政策的有力支撑。近年来，广州出台若干科技政策，旨在推动科技创新发展，在新基建、数字服务平台等科技创新领域走在全国前列，在网络游戏、网络音乐、网络直播等文化科技领域实现营收快速增长。

---

① 广州市社会科学院．广州蓝皮书：广州创新型城市发展报告（2019）[M]．北京：社会科学文献出版社，2019：68.

② 广州市社会科学院．广州蓝皮书：广州创新型城市发展报告（2019）[M]．北京：社会科学文献出版社，2019：96.

1.政策导向作用凸显

2020年2月,《广州人工智能与数字经济试验区建设总体方案》出台。此项文件促成了广州人工智能与数字经济试验区的建设,自此,广州人工智能与数字经济建设驶入“快车道”。

2020年3月,为推进新型数字基础建设和高效共享,广州市黄埔区、开发区、高新区发布《加快“新基建”助力数字经济发展十条》,旨在依托新基建打造数字经济新样板。文件指出要重点关注“新基建”高端项目和人才、底层技术支撑、新业态模式及制度创新。2020年8月,广州市发布《加快推进数字新基建发展三年行动计划(2020—2022年)》,围绕5G、人工智能、工业互联网和智慧充电设施四大领域重点布局。

2.科技创新成果丰硕

广州在智慧城市、重大海洋工程装备、卫星导航系统领域均已实现重大突破。在智慧城市创新领域,2018年2月,亿航智能独立自主研发了“亿航184”——全球第一款可载客的无人驾驶飞机。2019年8月,亿航智能与广州市政府达成战略合作,拟共同将广州打造为全球首个空中交通智慧城市,此举有望有效缓解城市交通拥堵、应急救援不及时等问题,不断扩张城市边界,重塑人类生活方式。

作为全国三大造船基地之一,广州不断推出重大海洋工程装备。广州文冲船舶修造有限公司在南沙区研制出中国第一艘完整意义上的载人深潜器支持母船“探索一号”,此举使中国自主进入深海作业成为可能。而广船国际生产了世界第二大半潜船——十万吨级半潜船“新光华”号,它的诞生大大提升了我国远洋战略投送能力。

在卫星导航系统研发领域,广州拥有的卫星导航企业数量约占全国五分之一,其中包括多家行业领军型企业。卫星导航系统的研发将推动南沙港建设成为全球第一个自动化码头。

3.文化与科技融合发展

文化与科技融合发展已成为广州文化繁荣和科技创新的一大亮点,其中,网络游戏、动漫、数字音乐、数字出版等数字创意产业新兴领域领跑全国。广州游戏企业聚集度较高,网络游戏规模居全国前列;动漫产业原创能力较强,设有多项动漫领域重大节日活动;数字音乐发展成果突出,网易云音乐、酷狗音乐、荔枝FM等国内一线品牌均落户于此;数字出版领域推动传统媒体行业成功转型升级,多家省内主流媒体如《南方日报》《羊城晚报》等纷纷利用数字技术从不同角度进入媒体融合发展阶段。

二、存在问题

虽然广州的数字创意产业在顶层设计、区域建设、科技孵化等宏观布局、基础建设方面取得了一定成效,但是广州作为服务制造业重镇,在传统产业升级转型和数字创意产业等新兴业态发展中仍有所欠缺,尤其在数字创意产业结构、创新人才培育和科技研发投入三方面,广州与其他城市还存在较大差距。

(一)产业结构性失衡

研究发现,广州数字创意产业规模增长缓慢。2018年,广州文化及相关产业增加值为1,369.69亿元,在七城市中排名第五,并与排名第四的上海(2,193.08亿元)相距甚远。同时,该增加值占地区GDP比重为5.99%,仅排第六位。究其原因,主要由于广州数字创意产业存在产业结构性失衡这一关键问题。

一是内容与技术失衡。数字创意产业是一种以创意为核心、以数字技术为依托的产业,内容生产与技术研发缺一不可。广州的数字创意企业往往偏重于技术创新而忽视了内容生产,不少数字创意企业都属于技术强于内容的企业,如佳都科技、赛意信息等。内容短板极大限制了广州数字创意企业的上市企业数量。截至2018年年底,广州境外上市、A股上市、新三板上市的数字创意企业仅有59家,在七城市中排名第五。同时,广州数字创意企业在内容生产上的缺失也降低了各企业文化的影响力,使城市中缺少“喊得出、叫得响”的企业,一定程度上也削弱了广州“老城市新活力”的宣传效果。对比来看,北京、上海、杭州均有以内容生产为主体的数字创意龙头企业,如北京的万达电影、华谊兄弟、光线传媒,上海的哔哩哔哩、阅文集团,杭州的华策影视、宋城演艺等。

二是行业发展失衡。近年来,广州在网络游戏、动漫产业、数字音乐、数字出版等新兴业态的培育中取得较好成效。然而,除上述行业外,广州在其他数字创意产业领域发展较为缓慢。集中有限的资源投入到重点行业,有利于发挥重点行业的带动作用,但就数字创意产业的特殊性而言,不同领域之间不是相互独立,而是相互影响、互成上下游的。动漫作品影视化、游戏化,网络游戏作品动漫化、影视化,网络文学动漫化、影视化、游戏化等都是常见的融合方式。因此,发展数字创意产业应该有所侧重,如若厚此薄彼,将导致行业间的发展差距过大。

（二）研发经费和研发强度不足

研发投入水平能够反映一座城市对创新的重视程度。从广州顶层设计的政策偏好及相关统计数据中可以看出,广州十分重视科技创新领域的建设,科技研发是广州发展数字创意产业的重要优势。但从七座城市的对比来看,广州最具优势的产业创新指标仅位列第四名。其三级指标 R&D 经费支出排名第四,R&D 经费支出占地区 GDP 比重排名第五,高新技术企业数量排名第四,各项指标表现差强人意。

相较其他指标数据,此三项数据虽然表现不俗,但由于广州自身具有较高的科技孵化水平和较多的科技研发成果,其科技研发投入的成本并不算多。作为以科技创新引领数字创意产业发展的城市,广州应当高度重视其核心竞争力的提升。因此,广州在研发投入中应与排名第一的北京市对标,将科技创新作为数字创意产业的核心竞争力。

三、发展建议

（一）抓住“湾区”与“城市群”发展机遇

一是借助粤港澳大湾区发展红利，推动数字创意产业快速发展。在《粤港澳大湾区发展规划纲要》中，不少条文都对广州数字创意产业的发展起到推动作用。在文化发展方面，应当首先完善大湾区公共文化服务体系和文化创意产业体系。在科技创新方面，应当率先建设国际科技创新中心，推进“广州—深圳—香港—澳门”科技创新走廊建设。在人才队伍建设方面，应当加强粤港澳青少年交流，加强产学研深度融合。在金融方面，应当加快发展现代服务业，建设国际金融枢纽，有序推进金融市场互联互通。在市场方面，应当提升市场一体化水平，推进投资便利化、贸易自由化、人员货物往来便利化。

二是借助珠三角城市群，实现区域协同优势互补。广州实现高质量发展的实质在于城市群的发展，“珠江三角洲”“泛珠三角区域”等概念的提出由来已久。综合交通网络的飞速发展使广州一小时经济圈范围不断扩大。区域协同发展是广州近年来的发展主题，特别是要加快广佛同城的发展。佛山是拥有先进制造技术、多家知名民营企业的制造业重地。近年来，佛山积极推进产业升级，布局高新技术产业，与中科院达成战略合作，启动“中国南方智谷”建设。同时，佛山还是国家历史文化名城，有陶艺之乡、武术之乡、粤剧之乡等称号。佛山快速发展的高新技术研发能力以及深厚的历史底蕴，与广州形成科技与文化的互通互补。连接广佛两地的广佛线已全线开通，便捷的交通将进一步加速广佛一体化发展。

（二）着力培育文化消费群体

培育文化消费群体将有效缓解广州数字创意产业结构性失衡问题，为广州的数字创意产业提供内源性动力。近年来，广州文化消费规模迅速增长，文化消费市场逐步扩大，但广州的文化消费还处于基础性和低水平阶段。

未来一段时间，广州应当深入挖掘岭南文化、广府文化、粤剧文化，打造独特的广州文化品牌，提升城市形象。首先，通过文化惠民扩大文化消费市场，提升民众文化消费水平。通过补贴票价、政府购买社会服务等方式，让高雅艺术走进基层社区与学校。同时，广州也应当加大高质量文化产品供给，将目光放在培育高端文化消费群体上来。文化产品作为高投入、高附加值的产品，不同于按照销量盈利的实体商品，文化产品的高投入决定了它不可能靠薄利多销的模式维持生存。因此，文化产品需要高端消费人群，而高端消费人群也需要高端文化供给。需求端推动供给端发生良性改变，也会为广州的数字创意产业提供更多的发展机会。

文化产业要重视内容生产。广州要大力发展数字创意产业，并在城市竞争中脱颖而出，提高内容生产质量是关键。广州不仅应当鼓励科技创新企业中的文化培育，更要重视那些能够体现本土特色的文化企业的发展，重视本土文化的开发与推广，积极推动广府文化走出去。

（三）加大科研创新投入力度

广州以商贸和服务业见长，其工业基础较弱，既缺乏像北京和上海一样丰富的高等院校和央企资源，也缺乏如深圳、天津等地实力雄厚的工业企业。广州市政府已认识到这个问题，并于 2016 年后陆续出台了多项有关加大研发投入、优化财政科技投入结构和方式的政策，以期提高 R&D 经费支出，加大科研创新投入力度。

广州一方面应当提高财政投入比重，加大政府资金在科技创新过程中的支持力度，针对不同类型和规模的数字文化企业优化财政科技经费投入方式；另一方面，应当激励文化科技企业加大 R&D 投入力度，引导和带动更多社会资金和力量进入科技研发活动。

（四）借助地缘优势，拓展海外市场

广州悠久的开放历史为其积累了扎实的商业基础，中国进出口商品交

易会(广交会)也为广州积累了良好的海外合作基础。近年来,粤港澳大湾区的建设使广州迎来新一轮发展机遇,为广州的数字创意产业提供了较好的产品展示和出口的机会。广州的数字创意产业应当利用长期积累的商业基础、广交会的交易便利及与港澳的紧密关系,促进本地区数字创意产业产品的出口,为数字创意企业的发展打开海外市场。

第二节 中观层面:营商环境

数字创意企业对城市的营商环境要求较高,营商环境关系到企业从准入到退出的多个方面。作为老牌一线城市,广州的营商环境发展较为成熟,它的文化环境一流,政务环境优良。但比较来看,广州营商环境综合排名第五,落后于深圳、上海、杭州、南京四座城市。营商环境下的各项二级指标在此次调查中的表现也并不理想:文化环境排名第四,政务环境排名第五,市场环境排名第六,法律环境排名第五。虽然广州拥有开放包容的文化环境、丰富的公共文化服务、便利的生活条件和完备的政务环境,但由于市场融资渠道单一、创新人才培养力度不足、知识产权保护意识与能力欠缺,广州在营商环境方面不具备强有力的竞争水平,与新一线城市存在较大差距。

在综合排名靠前的城市中,深圳、杭州、南京三座新一线城市成绩亮眼,这些新一线城市为吸引更多企业入驻、加快人才落户、推动经济快速增长,营造更适宜创新的文化环境,出台多项扶持政策,创造自由宽松的市场环境,制定有益于企业发展的法律规定,使北京、广州等老牌一线城市在营商环境方面与其存在较大差距。未来,广州应不断优化其文化环境、政务环境、市场环境、法律环境,为数字创意企业与数字创意产业人才提供良好的营商环境。

一、主要成效

(一)文化环境:开放包容,公共文化服务丰富

良好的文化环境是一座城市吸引并留住人才的主要加分项。在此次七座城市的数字创意产业竞争力比较中,广州的文化环境位列第四,它的城市宜居性、城市文化包容度、城市文化创新性指标分列第四、第三、第四。

开放包容,是历史与时代赋予广州的基因。第一,作为千年商都,广州自古以来便是连通国内外的重要桥梁,各地商贩在这座城市来来往往。广州有着久远的开放历史,更在改革开放以后吸引了全国各地的人前来投资、务工,不管是被动开放还是主动开放,不同的人在广州这片土地上经商、生活,促成了广州开放包容的文化氛围。第二,其他国家的经商者也在广州聚居或流动,如火车站—三元里、环市东—环市中沿线、石室教堂等片区,聚集了来自非洲的经商者。第三,广州地处南方沿海,气候宜人,空气质量和环境绿化都比较好,以轻工业为主的广州受重工业污染较小,空气质量较好。第四,广州的创投小镇也为城市营造了宜居环境。其由传统汽贸广场历经三次转型最终蝶变成功,除了强大的资本实力支撑和坚定转型的决心外,广州市区良好生态环境的推动和海珠区金融发展政策的号召亦功不可没。不论是国际孵化器、青创版孵化基地的综合功能辅助,还是洋湾超级供应链直播基地对风口的紧追不舍,都让创投小镇成为广州内转型探索中的一个典型。

广州有着丰富多元的公共文化服务。第一,推进商事制度改革。广州在黄埔区、海珠区设立试点创新商事登记模式,推行商事登记"审核合一、一次办结";采用"人工智能+机器人"模式实现企业线上办照"零跑动"、申请材料"无纸化";推动外资登记更加便利,服务粤港澳大湾区商事登记深度对接,加快推进商事登记"跨境通"向中国台湾地区及"一带一路"沿线国家拓展。

第二，构建文化金融服务体系。广州正在推动文化与金融融合发展，文化金融服务体系构建已经初见成果，形成文化特色银行、文化特色小贷、文化特色担保、文化特色租赁、文化特色券商、文化投融资基金等数个文化金融板块，组成广州市文化金融的服务框架。

第三，搭建平台，成立协会。广州正在搭建数字创意产业行业的数字化平台，为数字创意产业发展提供信息发布、资源共享、项目申报等服务，同时成立广州市游戏行业协会等多个行业协会、服务中心，助推数字创意产业发展。

（二）政务环境：着重顶层设计，细分领域政策完备

1.顶层设计加速各区完善产业政策

广州数字创意产业领域的顶层设计制定较为完善。其三级指标“数字创意产业相关政策出台情况”在七座城市中排名第一。2006年《广州市国民经济和社会发展“十一五”规划纲要》出台后，广州数字创意产业发展框架基本确立。《粤港澳大湾区发展规划纲要》《国家数字经济创新发展试验区实施方案》《广州市加快打造数字经济创新引领型城市的若干措施》的相继出台，标志着从国家层面、广州市层面出发制定的顶层设计方针基本完备。完备的顶层设计一定程度上推动了广州市各区逐步完善数字创意产业政策。近年来，各城区紧跟形势，结合本区实际情况，制定完善了区域数字创意产业政策。

海珠区围绕互联网产业发展出台若干政策，2018年出台的全国首创科技金融政策提供了落户奖励，扶持初创企业。天河区为打造现代服务业推进完善相关政策，2019年4月出台的《天河区加快发展高端专业服务业 推动现代服务业出新出彩的实施意见》设置专项资金推动天河区高端服务业快速发展，打造三个百亿级产业集群。黄埔区围绕科技创新方向制定专项政策，2020年9月，出台《广州市黄埔区 广州开发区促进信息技术应用创新产业发展办法》，旨在大力推动全区信息技术应用创新产业发展；同月，出台

大湾区首个智能传感器产业化发展专项政策，为智能传感器行业发展释放政策红利。番禺区以人才集聚为核心竞争力，每年提供亿元吸引创新人才。2016年该区出台《番禺区关于加快集聚产业领军人才的实施意见》及四个配套文件，每年设置专款用于产业领军人才资助、补贴和配套服务以及相关组织、管理、服务工作。南沙区为积极推进粤港澳合作建设，完善自贸区政策，2020年7月，南沙区出台了有关金融服务业发展扶持细则，以期进一步营造市场化、国际化和法制化的营商环境，打造高水平对外开放门户枢纽。

2.产业细分领域政策完备

广州数字创意产业布局清晰，在网络游戏、动漫产业、数字音乐等新兴领域领跑全国，这也得益于广州在数字创意产业细分领域能够快速出台有关政策。

针对网络游戏、动漫产业、软件开发的政策并行不悖，企业扶持力度较大。2005年起，广州先后出台了多项有关网络游戏、动漫产业及软件开发的扶持性政策文件，设立软件和动漫产业发展专项资金。例如2016年，广州出台《关于加快动漫游戏产业发展的意见》，推进动漫游戏"产、学、研"一体化发展，培育一批技术先进、专业性强的中小型动漫游戏企业，形成比较成熟的动漫游戏产业链。

数字音乐依托国家音乐产业基地落实相关政策。2012年，国家音乐产业基地落户广州，该基地被列入《广东省建设文化强省规划纲要（2011—2020年）》十项工程。广州以园区建设为契机，进一步加大对数字音乐产业的扶持。

3.面向新兴行业，扶持政策与时俱进

面对电竞、直播等新兴行业的崛起，广州的扶持政策能够与时俱进，同步支持产业发展壮大。近年来，广州紧跟市场形势，大力扶持电竞产业发展，迅速加大对其在政策、资源、资金层面的投入。2019年先后出台《关于加快文化产业创新发展的实施意见》《广州市促进电竞产业发展三年行动方案

(2019—2021年)》,提出了电竞产业扶持措施,并制定了电竞产业的发展目标。

2016年,直播电商兴起。广州市及下辖花都区、从化区、越秀区及时出台了相关支持政策。2020年3月,广州市商务局出台《广州市直播电商发展行动方案(2020—2022年)》,提出要实施直播电商催化实体经济"爆款"工程——"个十百千万"工程,将广州打造成全国著名的直播电商之都。在市级政策引导下,花都区印发《广州市花都区直播电商发展扶持办法(2020—2022)》,从化区发布《广州市从化区扶持直播电商发展的若干措施(试行)》,越秀区召开"越秀区促进直播电商行业发展"新闻通气会暨直播电商行业交流会,对多家企业授予"越秀区首批直播电商发展基地"称号,大力推动直播电商创新资源要素集聚。

4.政企合作卓有成效

重大数字创意产业项目和产业基地是实现数字创意产业集聚的重要依托,近年来成为广州市数字创意产业新的增长点。广州市有文化创意产业园区(基地)约222个,其中包括16个国家级文化创意产业园区(基地),10个省级文化创意产业园区以及20个市级文化创意产业园区。[①] 2016年,广州开始在中新广州知识城建设奥飞动漫硅谷,提出将其打造为世界前沿的动漫产业基地,成为具有区域辐射力和影响力的国际化动漫、文化、娱乐产业交流基地。2018年3月,广州开发区建成了全国首个知识产权服务业集聚中心。

5.文化贸易日益增长

广州在文化贸易方面取得了长足的进步,主要表现在:其一,广州市整合现有文化创意产业交易资源,重点打造广州文化产业交易会,形成综合演

① 广州市社会科学院.广州蓝皮书:广州文化创意产业发展报告(2018)[M].北京:社会科学文献出版社,2018:5.

艺产业、广播电视业、电影产业、出版产业、动漫游戏产业、音乐产业、文化艺术等为期五个月的文化创意产业贸易综合体。① 其二,广东在出版、动漫游戏、创意设计、文化设备制造等领域培育了一批具有国际竞争力的重点出口企业和品牌。

二、存在问题

(一)文化环境:老牌一线城市吸引力不足

其他城市的快速崛起对作为老牌一线城市的广州造成一定冲击,近年来,不少报道称广州"将跌出一线城市"。广州的发展主要面临三重对手。其一是北京、上海这两个历久弥新的城市,它们仍是很多年轻人的首选地;其二是深圳、杭州这一类快速发展、城市形象较年轻的新兴城市;其三是西安、武汉、成都这一类快速崛起,有发展前景或者潜力的新一线城市。

作为一座旅游城市,广州的特色较为鲜明,但作为一座要发展数字创意产业的城市,广州的城市吸引力远远不够。一是城市形象不够鲜明。网络游戏、动漫产业、数字音乐是广州数字创意产业中发展比较好的三个行业,然而这三个行业都没能为广州赢得"动漫之都""网游之都""数字出版之都""创意之都"等称号。这说明广州在数字创意产业方面还缺少代表性的行业、企业。二是城市形象缺乏活力。北京、上海一直给人积极、具有活力的感觉,而广州因为近年发展不那么亮眼,加之网络上存在关于广州"只有吃"等错误宣传,让人误以为广州是一座"老年"城市。这种城市形象不利于广州引进人才和招商引资,缺乏人才和投资会让广州进一步"老化",造成恶性循环。

此外,广州没有北京户口所具备的吸引力,没有上海强大的资源,没有深圳、杭州令人向往的龙头企业,这都十分不利于广州的人才引进。尽管广

① 广州市社会科学院.广州蓝皮书:广州文化创意产业发展报告(2018)[M].北京:社会科学文献出版社,2018:6.

州也出台了一系列人才引进战略,但收效并不明显。

(二)市场环境:市场融资渠道单一,创新人才培育不足

广州在市场环境指标排名中位居第六,其主要问题在于中小企业市场融资渠道窄,创新人才培育能力较弱。

1.中小企业市场融资渠道亟待优化

近年来,广州虽然出台了一系列支持文化与相关产业融合发展的政策措施,促进数字创意企业融资,但由于广州的金融业不甚发达,文化金融以惠及大型或者中型企业为主。由于数字创意企业是轻资产企业,各大银行提供给小型数字创意企业的项目与产品也较少,因而其融资渠道受到制约。

此外,政府在融资、财税等方面支持力度不够,致使初创企业发展艰难。广州上市的数字创意企业并不多,但存在着非常多中小型企业。中小型数字创意企业与其他类型企业的不同之处在于,它们更需要宽松的行政环境、有力的金融支持、顺畅的融资渠道。因此,政府亟须对数字创意产业融资环境做进一步的优化。

2.创新人才培育能力较弱

创新人才培育能力不足主要体现在:一是数字创意产业从业人员数量较少,人才吸引力较弱。数据显示,2018 年广州数字创意企业(含境外上市、A 股上市、新三板上市企业)人员共计 105,601 人,在七座城市中位列第五。数字创意产业是以创意和技术为核心的产业类型,人才是决定其竞争力的关键因素。人才的结构性短缺,尤其是复合型数字创意人才的缺乏,极大制约了广州数字创意产业的发展。目前,互联网公司所需的人才集中在北京和深圳等城市。以邻近城市深圳为例,华为、腾讯、中兴等信息技术龙头企业扎根深圳,使该城市拥有较强的人才吸附力。同时,深圳全产业链快速发展壮大,其在信息技术、电子制造业领域的发展程度远超广州。深圳的产业优势也使得广州人才流失严重,不少创意人才往往选择具有更大发展空间

的深圳而放弃广州。

二是广州市对数字创意产业人才培育的重视程度不足。以 2018 年广东省高校毕业生为例,该年度毕业生在广州从事制造业的人数较多,占已就业毕业生人数的 15.43%。[①] 由此可见,高校培育数字创意产业人才的力度较小,企业也难以形成培育数字创意产业人才的良好氛围。以上多种原因导致广州数字创意产业人才匮乏,使得该城市数字创意产业创新驱动力不足。

(三)法律环境:知识产权保护力度不足

广州较为重视知识产权保护,但相关制度仍有待完善。在七座城市的比较中,广州法律环境位列第五,它的三级指标知识产品审批流程、知识产权保护措施、企业维权行为的保障力度分别排在第四、第六、第五位。具体来看,知识产权保护机构完备、知识产权规划翔实是广州的重要优势,而在操作层面,知识产权机构也应当继续提升效能。

广州知识产权保护机构完备。2014 年,广州知识产权法院挂牌成立,2017 年,广州知识产权局设立全市唯一知识产权服务机构——广州市知识产权信息中心(广州市知识产权维权援助中心);2018 年,广州互联网法院正式挂牌成立。上述一系列举措体现了广州知识产权机构已初具体系。广州知识产权规划翔实。《广州市创建国家知识产权强市行动计划(2017—2020 年)》提出要创建知识产权综合管理体系、知识产权保护法规制度和工作体系、知识产权产业发展体系以及知识产权服务体系。

虽然在机构和规划两方面卓有成效,但广州知识产权各项政策还未落到实处,其在企业维权、知识产权质押融资、知识产权金融产品和衍生品落地等方面的具体措施尚待完善。

---

① 广东省教育厅.2018 年高校毕业生就业质量年度报告[EB/OL].(2019-01-16)[2020-11-22].http://www.gd.gov.cn/zwgk/zdlyxxgkzl/jy/content/post_1408021.html.

三、发展建议

（一）加大宣传，提升城市形象

第一，实行“城市文化更新”运动，由内而外改变城市形象。广州的开放包容不仅要体现在对人的开放包容上，更要体现在对新思想、新技术的开放包容上。要勇于创新、敢于接受新鲜事物、敢于发展新鲜事物。第二，宣传内容应当进行革新。多强调“动漫之都”“创意之都”等代表广州数字创意产业发展方向的符号，城市宣传片中要更加突出活力、创新等新鲜元素。同时，比起一味地展现广州的现代建筑，更要展示广州的数字创意企业。第三，宣传方式应当更加灵活。从宣传渠道来看，要注重传统媒体与新媒体的融合传播。从宣传物料来看，除了严肃大气的形象片，还可以有简单轻松的歌曲和短视频。以成都为例，其因为民谣歌曲《成都》和歌曲相关的短视频爆红而在青年群体中赢得了很高的关注度。

（二）完善落实文化金融体系

在设立广州市文化金融服务中心的基础上，广州还应当在实践中完善文化金融体系，出台服务不同类型企业的政策条例，且政策可以适当向中小型数字创意企业倾斜。要划分不同行业的特色小贷，分行业对需要金融支持的企业提供文化金融服务。同时，要增强相关政策文件的落地性，真正将文化金融服务落到实处。

（三）加大知识产权保护力度

第一，加强立法与监管。知识产权是数字创意产业的无形资产，是数字创意产业发展的根本。为促进广州数字创意产业的发展，首先，要以法律的形式明确知识产权的归属问题。其次，知识产权局等部门要加强监管力度，对于侵犯知识产权的行为给予相应的惩罚。数字创意企业的产品众多，并且都不是实物化的产品，因此要监管侵犯知识产权的行为，采取更先进的监管手段。再次,应当加强广州知识产权法院的建设,提高法院审判水平。

第二,加大知识产权成果转化力度。利用广州知识产权交易中心等机构研发符合市场需求的产品,为各类企业提供高效便捷的服务,激发数字创意企业转化知识产权成果的积极性。

第三,普及知识产权概念。数字创意企业的产品只有被消费了才能实现经济价值。虽然国家对知识产权保护越来越重视,打击盗版的力度也越来越大,但是盗版现象仍然十分严重。因此广州市政府要创新普法模式,加大力度向民众普及知识产权概念,以培育健康的文化消费群体,促进数字创意产业的良性发展。

(四)优化中小企业公共服务环境

一是重视公共机构对创业生态的重要作用,在建设优化创业生态的过程中,更好地发挥政府作用,加大改革力度,提高服务效率,减少企业用于办手续的精力和时间。二是应当优化税收环境,为初创企业营造稳定、公平、透明、可预期的税收环境。三是应当完善落实营商环境有关政策,在深圳等新一线城市的竞争压力下,广州应当采取审批服务便利化改革,实现优质的制度供给、服务供给、要素供给,打造完备的市场体系,增强发展环境的吸引力和竞争力。

(五)注重数字创意产业人才的"育引留"

一是在人才培育方面,鼓励高等院校开设相关专业与课程。广州市有6所985、211高校,应当充分利用高校资源,不断提高高校教学科研水平,引导高校开设数字创意产业方向的专业与课程。同时,根据本市数字创意产业的发展现状,自主培养相关人才。

二是在人才引进方面,应当加大政策扶持力度。人才政策的吸引力度还有待提升,在数字创意产业人才的针对性吸引方面尚需加强。因此,在现有人才配套政策与服务的基础上,需进一步优化数字创意产业人才政策环境。具体来说,首先,应当尽快出台专门针对数字创意产业人才引进和培养的政策文件,设立和落实数字创意产业人才补贴、人才奖励办法。其次,应当尽快对数字创意产业人才做出界定,完善相应的认定与评价机制。通过对产业、企业的需求进行调查,明确广州市数字创意人才的实际需求,如此才能做到数字创意产业人才配套政策与服务精准发力。更为重要的是,居住环境和公共服务已成为人才选择就业地的重要考虑因素,政府应当为数字创意产业人才提供居留、入户、住房、教育、医疗、公共服务等各方面的便利条件,优化人才生活服务保障,打造宜居环境和优质的公共服务体系。

三是在人才保留方面,通过产业发展吸引人才落户。把人才留住是产业得以持续发展的关键,除了提供从就业到住房等多种优惠政策措施,还应当通过产业发展来聚集人才。多数数字创意产业从业者或者相关专业毕业生都会因为某城市拥有与其职业相匹配的岗位而选择到当地工作。数字创意产业人才会更倾向到具有"数字创意产业气质"或者对极客更友好的城市生活和工作。这种"数字创意产业气质"主要取决于大量数字创意企业集聚而形成的一种城市氛围。因此,从长远来看,还是要通过各种措施吸引数字创意产业的领军企业落户广州,借助企业的力量来聚合人才。

第三节　微观层面:企业效益

城市数字创意产业的发展要依托良好的产业状况和营商环境,但其发展归根到底还要看企业。2003 年以来,由于政策吸引力不足、金融与资本支持功能较弱等原因,不少企业从广州迁往北京、上海、深圳。此次研究发现,广州的企业效益位列第六,排名仅高于成都。其经济效益、社会效益两个二级指标均排名第六。从结果来看,作为老牌一线城市,广州的企业发展状况并不理想,虽然城市内头部企业赋能城市转型不断深入,直播电商及相关培训类企业蓬勃发展,技术设备制造企业已形成规模效应,但仍存在文化内容型数字创意企业数量较少、数字创意企业投入产出能力较弱、社会效益不显著等重要问题。广州推动数字文化创意企业转型升级,激发企业创新活力已刻不容缓。

一、主要成效

(一)头部企业赋能城市转型

广州拥有网易、欢聚集团两家头部数字创意企业,其营收能力强,利润增长率高。2019 年年报显示,网易全年净营收为 592.41 亿元,净利润为 212.38亿元,同比增长约 245%。[①] 欢聚集团全年营收为 255.76 亿元,净利润为 34.45 亿元,同比增长 56%。[②] 作为头部企业,网易、欢聚集团分别凭借电竞、直播电商的优势吸引广州其他中小微企业投入相关领域,带动电竞行业和直播电商快速发展,为广州打造全球电竞产业中心、直播电商之都打下坚实基础。

一是网易带动广州电竞产业上下游协同发展。广州出台电竞产业发展规划后,天河区作为经济文化强区,率先完善配套设施,吸引腾讯、网易两大网络游戏头部企业入驻,使得一系列电竞产业链上下游企业纷纷扎根天河区。天河区借此快速形成了头部企业、研发团队、电竞人才的集聚效应。

二是欢聚集团等头部企业推动广州制造业数字化转型。2014 年,欢聚集团旗下直播平台"虎牙直播"成立,2017 年旗下电商平台"一件"上线。2018 年"虎牙直播"在美国纽交所上市,同年市值破百亿,并于 2019 年全资收购了致力于海外直播与短视频业务的企业 BIGO,积极拓展海外业务。随着直播电商的爆发式增长,欢聚集团发挥广州互联网企业的示范带头作用,通过旗下的"一件"为广州各类批发市场提供私域电商直播工具和精细化运营工具,推动广州制造业的数字化转型。阿里巴巴、京东等其他头部互联网企业也紧随其后,培育广州新零售消费信心,出台扶持政策,降低直播门槛,

---

① 凤凰网.网易(NTES.US)2019 年报:净利润同比增长约 245% 丁磊持股比例增至 45.1%[EB/OL].(2020-04-29)[2021-11-22].https://finance.ifeng.com/c/7w4dUvSPZem.

② 新浪财经.欢聚集团发布 2019Q4 及全年财报:全年总营收近 256 亿[EB/OL].(2020-03-17)[2020-11-22].http://finance.sina.com.cn/stock/usstock/c/2020-03-17/doc-iimxyqwa1022990.shtml.

为专业化批发市场提供数字化接口，开设国际直播频道，推动跨境贸易，从而帮助广州中小微企业开拓市场。

（二）直播电商及相关培训类企业蓬勃发展

作为传统制造业重镇，广州全市建有包含服装、美妆、食品等多个门类在内的600余个专业批发市场，拥有较为完备的供应链体系。近年来，广州出台的多项扶持政策与头部企业带动发展双管齐下，直播电商逐步融入其传统制造业。广州得天独厚的制造业优势，极大缩短了直播电商与货源间的距离，为直播带货提供了最直接的“前播后产”的便利。同时，直播延长了制造业产业链下游链条，形成了线下批发、线上零售的多级分销市场模式。二者的融合发展，不仅驱动制造业领域内各类企业转型升级，更促使直播电商及相关产业蓬勃发展。

一是各类传统企业入局直播电商业。2020 年 6 月，广州市商务局主办了为期 3 天的“广州直播节”，活动累计开启 20 余万场直播，80 余个 MCN 机构、10 余万个品类参与到活动中来，惠及餐饮住宿业、制造业、商务服务业、化妆品行业等多个领域。老百货、珠宝店、眼镜店、外贸工厂、服装批发市场等制造业领域各类企业下场直播带货。知名零售企业屈臣氏云店小程序直播 3 个半小时内售出 1.4 万余件商品，对比同期销售额提升 165%。[①]

二是专业市场直播模式多样。2019 年，白马服装市场（以下简称“白马市场”）成为淘宝直播首批官方授权供应链基地，形成以市场方带动市场商户向直播电商化转变的模式。白马市场为商户推出三种服务模式——市场统一直播、商户直播、直播采购节，并在其中起到主导作用。它为没有直播经验的商户提供流量主播直播带货，聘请 MCN 机构为商户提供免费直播技能培训，利用直播采购节为整个市场提供全方位的直播推广，提升市场影响

---

① 万商之家直播平台.广州 72 小时 20 万场直播，助力企业带货万商之家是专业的[EB/OL].(2020-06-09)[2020-11-22].https://baijiahao.baidu.com/s? id=1669004893178763l9&wfr=spider&for=pc.

力，这种模式将在提升商户黏性的同时扩大市场自身品牌知名度。

与白马市场相对应的是岭南直播基地，该基地的前身为岭南鞋城及电商产业园，后由于园区内电商企业式微，造成物业空置的窘境。2019年，该园区瞄准直播电商市场，转型为岭南直播基地。岭南直播基地不同于以市场为依托的白马市场，它通过转变服务模式、升级物业管理等方式，打造设施完备、配套服务先进的直播网红社区，以吸引MCN机构、网红买手店、文化传媒及网红经纪等企业入驻基地，缓解了前期市场空置的问题。在直播电商企业入驻后，岭南直播基地也推出了直播领域业务板块，为基地及外界有直播需求的企业提供直播电商代运营、主播培训等服务，开启了专业市场直播电商转型先河。

三是直播电商助推相关培训业协同发展。2020年是电商直播多元化发展的元年，众多制造业企业快速建立品牌数字化入口，将“新零售”与“电商直播”有效结合。虽然电商直播具有门槛低、成本低等优势，但是以线上新型销售模式开展业务——通过直播引流、刺激用户下单，提高商品转化率，这对于传统企业来说，将是全新的一课。

为满足广州旺盛的电商人才培训需求，广州迅速出现大量电商直播培训机构。比如，本土电商内容整合营销机构茉莉传媒公司打造了专注电商直播培训的机构——播商大学。沙河服装批发市场的点动电商直播基地针对两类人群开展培训业务，在为该地区批发商户开设电商直播特训课程，解析直播、社群、短视频盈利模式的同时，还面向应届毕业生、企业销售人员及纯素人开设主播培训课程，在基地中建造“主播一体化”公寓，主播24小时在公寓中生活、直播，训练过后，他们被安排为批发市场商户提供直播业务。

(三)技术设备制造企业形成规模效应

广州技术设备制造企业业务涵盖人工智能技术研发、电声产品制造、智慧城市建设、通信软硬件等多个领域，各类技术设备制造企业集聚广州形成规模效应，并保持稳定快速发展。在广州的22家A股上市企业中，有超过半数(12家)企业为技术硬件与设备、软件服务类企业,其利润总额占比31.3%,表现突出。其中,威创是国内拼接显示行业的首家上市企业,它的专业技术和市场份额稳居行业前列,连续10余年保持中国市场占有率第一。嘉禾智能是国内领先的电声产品制造商,企业在电声行业无线化、智能化的趋势中取得突出优势。高新兴科技集团主要从事基于物联网、人工智能等核心技术的产品及解决方案的研发和应用,为全球百余家企业,全国各省市的公安部门以及铁路、银行、运营商等多领域提供产品和服务。

二、存在问题

(一)文化类上市数字创意企业数量不足

广州虽在网络新闻、动漫产业、数字音乐、网络游戏等文化领域形成了较为成熟完善的产业链,却缺乏知名的头部数字文化企业。从广州的境外上市、新三板上市、A股上市企业来看,信息服务、研发服务、产品设计、广告服务等生产性服务业占比较高,而诸如南方传媒这样的知名文化企业数量较少,远未形成规模效应。此次调查结果同样显示,广州数字创意企业产品用户数为2.23亿,在七城市中位列第六。这一现状不仅难以满足人们日益增长的文化消费需求,同时也会削弱城市自身的文化价值,使城市无法营造良好的文化氛围。

(二)企业投入产出能力较弱

研究发现,广州数字创意企业资产总额、年度总营收、总利润额、高新技术成果开发转化能力的排名分别为第六、第六、第五、第五。作为老牌一线城市,广州数字创意企业面临的经济效益问题十分严峻,严重影响数字创意企业的可持续发展。数字创意产业的市场是科技快速发展迭代、创意内容争抢消费者注意力的市场,不同于实体市场,它是无边界的。一旦广州数字创意企业的投入产出能力减弱,便很容易被其他城市的同类型企业赶超。

（三）企业社会效益不显著

企业社会效益是指企业在参与经济活动时为社会带来的效益，通常包括企业对就业、财政收入、人民生活水平、自然环境等方面作出的贡献。只有企业的经济效益好，它的社会效益才能够有所凸显。由于广州的数字创意企业经济效益排名靠后，它所能发挥的社会效益也受到限制。在七座城市的比较中，广州数字创意企业的社会影响力、企业文化形象分别排名第五、第六。

近年来，广州头部企业一直在参与公益事业。欢聚时代旗下 YY 直播已策划多起正能量公益活动，仅 2018 年，平台的正能量主题直播就已超过 940 档，累计直播时长超 2, 125 小时，动员直播粉丝参与公益活动超 32 万人。[①] 网易公司也与广州市检察院合作共建青少年网络安全法治教育基地。但和其他一线城市相比，广州数字创意企业所发挥的社会效益稍显不足。

三、发展建议

（一）引进和培育头部企业，引领产业发展

头部企业具有强大带动效应是数字创意产业的重要特点，阿里巴巴以一己之力带动杭州成为电商之城就是一个很好的例子。广州头部企业的带动效应仍有欠缺，原因之一是广州头部企业的经营方向为电竞、数字音乐，而广州重点培育的数字创意产业领域则为网络游戏、数字动漫、数字音乐以及电商直播业，二者的主攻方向并不完全重合。因此，广州应当通过引进和培育符合城市发展方向的头部企业，发挥头部企业在数字创意产业中的带动效应。

第一，引进头部企业。广州要明确城市的发展升级方向以及现有的产

---

① 南方网.YY 欢聚时代荣登“广州文化企业 50 强”榜单[EB/OL].(2019-11-06)[2020-11-22]. http://www.ce.cn/xwzx/kj/201911/06/t20191106_33542548.shtml.

业优势,明确要引进的头部企业类型。广州以动漫、网络游戏和直播电商为发展重点,可以考虑引进上述行业产业链上游的龙头企业。通过土地低租、减免税收、资金奖励等方式吸引企业总部或华南运营总部落户广州。

第二,培育头部企业。头部企业的培养有两个方向,其一是对本地优质企业进行重点培育,主要通过项目合作等方式引导企业成长,成立龙头企业"广州队"。其二是引进其他城市具有发展成为龙头企业潜力的大中型企业,通过优惠政策使其落户,通过专项扶持、项目合作、行业协会带动等方式使其成长。

(二)重视培养独角兽企业,增强产业动力

独角兽企业是指在中国注册具有法人资格的、估值超过10亿美元、成立时间不超过10年且未上市的初创企业。独角兽企业榜单很大程度上反映了各城市有潜力的初创企业的数量和整体实力。2020年,《2020中国独角兽榜单TOP100》选出中国前100家独角兽企业。其中,广州拥有5家独角兽企业,数量位列第五。[①] 相比其他一线城市,广州上榜企业数量不多,且5家上榜企业估值排名靠后,说明广州的营商环境与初创企业的发展所需资源脱节,使得这座城市很难培育和吸引初创企业。

造成这种现象的原因一方面在于政府对初创企业,尤其是对互联网初创企业的重视程度不够,政策支持不到位。例如,悦跑圈是位于广州市的互联网体育的代表性企业,已完成C轮融资,但未被归为高科技企业。不被认定为高新企业就无法获得各种政策提供的优惠,过高的认定门槛会让政策优惠形同虚设,导致独角兽企业和很多优秀初创企业到外地寻找有利的政策土壤。

虽然头部企业具有重要的带动和溢出效应,但数字创意产业的市场主体仍然是中小企业,尤其是在头部企业优势并不明显的情况下,广州在培育

---

① 艾媒网.艾媒咨询公布《2020中国独角兽榜单TOP100》[EB/OL].(2020-02-24)[2020-11-22].https://www.iimedia.cn/c1040/69271.html.

优质头部企业的同时,更要重视对初创企业的培育。要认真落实和细化数字创意企业在高新科技企业认定方面的规定,实现科技型企业与数字创意企业在资格认定上的同等对待。

(三)加快发展高精尖企业,占领未来高地

互联网、物联网、5G、VR/AR、人工智能(AI)、区块链等都是数字创意产业中的重要科技支撑力量。广州已基本实现相关领域的布局,成立广州虚拟现实与增强现实技术创新联盟、广东省人机交互与视频分析工程技术研究中心、广东省图象图形学会计算机动画与数字娱乐专业委员会等,召开广州 VR/AR 产业发展论坛。因制造业发达,广州也成为互联网、物联网、5G、VR/AR、AI 下游产品的主要生产地。

广州要牢牢把握住发展优势,大力支持 5G、VR/AR、AI、区块链相关企业的发展,鼓励企业在代表未来发展方向的高精尖技术领域进行尝试与研发,设立相应的扶持资金,为高精尖技术的知识产权确认、交易、担保、质押提供更为便捷的通道。各大城市都在努力发展上述高精尖科技,广州要以更敢为人先、开放包容的态度,以更快更强的姿态抢占未来发展的高地。

(四)加大产学研结合力度,增强发展内核

一座城市的科技研发除了依靠企业,还要充分发挥高校的智力优势。高校本就是科研重地,有国家政策支持科研发展,更有高校科研人员和学生这些极具创新意识的群体,对提升城市创新力有重大作用。

第一,政府作为中间人,要促进企业需求和高校科研之间的对接。可以成立相应的科研项目,由政府和企业共同出资并圈定方向,向广东省内高校开放项目申报。第二,结合本市的发展实际,鼓励相关企业和高校合作开办特色课程,由本市企业家和高校老师共同授课,为本市数字创意企业的发展培养人才。第三,由政府、高校和企业共同成立实验室,为产业发展搭建稳定的人才供给平台。例如,2020 年 5 月,国内首家专注于直播电商研究的广州直播电商研究院成立,该研究院立足广州、服务全国,助推产学研相结合,

为直播电商的发展建立行业标准、培养人才并提出政策建议。未来一段时间，政府应继续在这一方面加大投入，结合行业发展现状与高校、企业合作开展实验室、研究院等机构。

（五）积极拓展国际市场，挖掘发展新空间

在面向国际市场时，广州作为华南地区的贸易中心有着极为重要的地位。广州文化产业交易会已形成综合演艺产业、广播电视业、电影产业、出版业、版权业、动漫游戏产业、音乐产业、文化艺术等为期五个月的文化创意产业贸易综合体。2017 广州文化产业交易会贸易成交额超过 20 亿元，协议意向成交额约 80 亿元。① 数字创意企业可以利用广州市的区位优势，面向南亚、东南亚乃至非洲市场，积极抢占文化市场份额，主动拓展发展新空间。

在本次研究中，广州的数字创意产业竞争力排名靠后。作为老牌一线城市，无论是宏观产业状况、中观营商环境还是微观企业效益，广州均没有突出优势。

从产业状况这一维度的比较来看，广州顶层设计持续发力，区域发展各具特色，科技孵化稳步推进。但由于其存在着产业结构失衡与创新驱动不足等问题，导致其产业状况排名第五。未来，广州应当增强内容生产能力，培育文化消费群体，加大科研创新投入力度。在营商环境层面，广州独特的"商都"历史与地缘优势，使该城市宜居且开放包容，公共文化服务丰富多元，营造了较好的文化环境。同时，顶层设计加速完善了各区数字创意产业政策，在产业细分领域形成了较为完备的政策方针。面向新兴业态，广州扶持政策出台及时，政企合作卓有成效，文化贸易也日益增长，形成了较为成熟的政务环境。但广州作为老牌一线城市，它的城市吸引力不足，中小企业的营商环境亟待改善，创新人才培育不足，知识产权保护力度薄弱。广州应

① 央广网.首届广州文化产业交易会达成协议意向成交额约 80 亿元[EB/OL].(2017-12-28)[2020-11-22].https://www.sohu.com/a/213259367_362042.

当提升城市形象,健全文化金融体系,加大知识产权保护力度,优化中小企业公共服务环境,实现数字创意产业人才的"育引留"。广州的企业效益表现乏力,仅排第六。广州头部企业赋能城市转型不断深入,直播电商及相关培训类企业蓬勃发展,技术设备制造企业已有相当规模。但总体来看,广州的企业效益仍存在较多问题:文化内容类数字创意企业较为缺乏,数字创意企业的投入产出能力较弱,企业社会效益不显著。未来,广州应当引进、培育头部企业,培养独角兽企业,发展高精尖企业,实现传统企业的转型升级、创新发展,加大产学研结合力度,改善数字创意企业的生态圈。广州数字创意企业也应当积极拓展海外市场,谋求更广大的发展空间。

针对广州市数字创意产业的发展现状,政府及相关部门、企事业单位应当着力推动产业结构调整,加大政府扶持力度,为数字创意产业的发展搭建有效平台。

第五章　深圳数字创意产业发展现状及对策建议

数字创意产业作为文化与科技融合的新兴战略性产业，是代表着城市未来发展方向的新业态。深圳在数字创意领域拥有强劲的优势，早在2008年便获批加入全球创意城市网络，近年来深圳坚持打造“创新之都”，推进“文化创新发展2020”战略，整合文化与科技优势。得益于经济特区和粤港澳大湾区的政策利好，深圳在数字创意产业领域的发展成效显著，培育了以腾讯为首的一批优质数字创意企业，形成了以技术研发、装备制造为主导的产业格局。

《2019深圳统计年鉴》数据显示，2018年深圳的文化及相关产业增加值为2,621.77亿元，文化及相关产业增加值占地区GDP比重为10.82%，R&D经费支出1,163.54亿元，R&D经费支出占地区GDP比重为4.8%。在本次数字创意产业竞争力评估中，深圳竞争力综合指标排名第二，总分略低于北京。深圳在产业状况、营商环境、企业效益三个一级指标上，分别取得了第二、第一、第一的优异成绩。深圳数字创意产业具备基础雄厚、营商环境优越、企业经济效益高等优势，但同时也面临“强科技、弱内容”的结构性失衡、营商成本高昂、企业社会效益较弱等问题。

第一节　宏观层面：产业状况

长期以来，深圳都是享誉国内外的科技创新城市。得益于粤港澳大湾区协同发展的顶层设计，其创新环境不断优化。依托雄厚的产业基础，深圳数字创意产业发展迅速。根据本次数字创意产业竞争力的研究数据，在七个城市的横向对比中，深圳在R&D经费支出、高新技术企业数量、文化及相关产业增加值等方面呈现出较大优势。因此，在宏观的产业状况维度，深圳排名第二，仅次于北京，二级指标产业规模排第三（次于北京、杭州），产业创新排第二（次于北京）。综合数据情况可知，深圳在数字创意产业的宏观维度上拥有较大的产业优势，但也存在相应的问题与短板。

一、主要成效

（一）注重产业创新，科技基础雄厚

深圳在数字创意产业领域的最大优势在于创新资源富集，尤其在数字技术方面具有"超一流"的核心优势。深圳数字创意产业由传统制造工业转型而来，在华为、中兴、华强等数字科技企业发展迅速的同时，腾讯为代表的互联网科技企业独树一帜。[①] 2018年深圳R&D经费支出占地区GDP比重为4.8%，领先国内绝大多数城市。因此，在二级指标"产业创新"中，深圳排名第二，仅次于北京。

深圳经济特区建立以来，科技创新是驱动深圳产业发展的一张王牌。深圳是我国首个以城市为基本单元的国家自主创新示范区[②]，也位于珠三角国家自主创新示范区。深圳积极实施创新引领战略，每年举办的中国国际高新技术成果交易会被誉为"中国科技第一展"。同时，作为粤港澳大湾区建设的核心增长极，深圳通过三年的开拓，已经与周边城市形成区域协同创新体系。[③] 在新基建赋能下，大数据、云计算、虚拟现实等高新技术也在深圳得到广泛创新应用。

依托雄厚的科技基础，通过数字科技与文化创意产业的有机结合，深圳

---

① 杜艳.创新深圳再迎发展"加速度"[N].南方日报，2019-08-22(2).

② 刘畅，于旭.地方政府对创新生态体系构建的引导方式研究[J].社会科学战线，2016(3)：252-256.

③ 盘和林."未来之城"开工：深港科创合作互助共进，金融要回归服务本质[N/OL].南方都市报，2019-11-25[2020-11-22].http://www.163.com/dy/article/EUPMJLBA05129QAF.html.

探索出一条以“科技+创新”为导向的数字创意产业创新路径。在腾讯、华为、华强等龙头企业和越疆科技、奥比中光等多家独角兽企业的推动下，借助各种高精尖技术，深圳数字创意产业近年发展态势良好。

（二）产业规模庞大，集群专业化程度高

深圳数字创意产业发展迅速，整体产业规模仅次于北京、杭州，处于全国前列。深圳数字创意企业已超过 1 万家，动漫游戏营收规模约占全国一半，游戏市场收入占全球的 10%以上，数字出版营收进入千亿元量级。[①]

福田区凭借自身的综合实力，在梅林—彩田片区、香蜜湖片区、福田保税区，形成了以金融科技、数字城市、文化创意等领域为代表的高集约度数字创意产业集群，包括福田国际电子商务产业园、深港国际科技园、高新技术创业中心保税区孵化基地等，将互联网、云计算、物联网的创新成果与传统产业领域深度融合，打造“互联网+”新生态。[②]

南山区是深圳科技创新的核心区域，以南山高新区、深圳湾片区、西丽大学城片区、留仙洞片区的数字创意产业资源优势最为集中，形成了南山智园、万科云城、鹏城实验室、深圳市软件产业基地、南山区中科研发园等优质数字创意产业园区，持续推动数字创意产业等新兴领域的拓展。

龙岗区是深圳产业大区，在近年制造业转型升级的背景下，形成“一区多园”的数字创意产业空间布局，各大集群充分发挥专业化优势，建设国际化创新型中心。围绕大运片区、新城片区，龙岗形成覆盖数字硬件、数字印刷、创意设计、演艺娱乐、影视动漫的五大产业集群，打造多个“科创+文创”的专业化数字创意产业空间。

（三）产业细分化，特色领域优势显著

依托创新资源和政策利好，深圳在数字创意产业的细分领域取得了良

---

① 刘悠扬.数字赋能深圳文化产业[N].深圳商报，2021-09-23(2).

② 2016 年福田区产业发展专项资金支持科技创新申请指南[EB/OL].(2016-07-24)[2020-11-22].http://www.szft.gov.cn/xxgk/zdly/kigl/sbzn/content/post_4015797.html.

好的成绩。立足于各数字创意产业细分领域，深圳已然成为数字科技和文创产业融合发展的城市典范。

在创意设计方面，深圳是中国首个“设计之都”。在数字科技引领下，深圳设计产业跨越式发展格局已初步形成。近年来，深圳设计产业创新投入不断加大，充分发挥设计与科技结合的创新引领作用，着力提升产品的科技附加值。在数字科技加持下，深圳设计产业助推“深圳制造”成功向“深圳智造”转型，带动深圳数字创意产业的结构优化、品牌集聚和协同创新。

在数字游戏方面，深圳的游戏产业基础雄厚，同时借助毗邻港澳的区位优势，积极吸收先进技术和经营理念，整体水平领跑全国。2018 年广东省游戏规模达到 1,811 亿元，占全国比例 76.2%，其中深圳游戏企业数量达到 4,498 家，占广东省游戏企业数量的 58%。① 由此可见深圳游戏产业的优势地位。以腾讯、创梦天地、中青宝为代表的商业游戏公司，推出了《王者荣耀》《大清帝国》《梦幻花园》《镇魂街》等一系列高市场份额的游戏产品。深圳游戏企业通过游戏 IP 联通线上线下，探索出数字创意产业特色领域发展模式。

在数字动漫方面，依托深圳国家动漫画产业基地，深圳在数字动漫领域形成了高水准的产业集群，以原创数字动漫为核心产品，加快数字创意产业与科技、金融、互联网等产业之间的跨界融合。深圳在该领域已经孵化出华夏、伯仲、欢乐、盈富通等多家数字创意上市企业，同时还有多家企业正在积极筹备上市。

在硬件制造方面，数字技术研发和装备制造一直都是深圳的优势产业，经过多年的发展已形成覆盖硬件方案设计、生产、渠道、代工等全产业链的完整体系，被誉为“硬件硅谷”。深圳已从传统硬件制造领域向智能硬件加速转型，在 AR、VR、机器人、无人机、可穿戴设备等领域不断突破，实现深圳

① 姚嘉莉.4498 家网游企业“藏”在深圳：广东游戏企业 44 家，深圳占 26 家[N].深圳商报，2019-01-16(A04).

数字创意产业的高质量发展。

二、存在问题

(一)文化消费规模小,占比不高

文化消费是深圳数字创意产业发展亟待补足的一个短板。深圳文化消费规模整体低于北京、上海和广州。深圳市统计局数据显示,2018年深圳城镇居民人均文化娱乐支出为1,649元,仅占人均消费支出的4.1%。尽管深圳数字创意产业发展迅速,但文化消费并未成为拉动经济增长的重要驱动力,这样的消费结构不利于深圳数字创意产业的长期发展。

(二)企业总数较少,独角兽企业欠缺

本次研究数据显示,综合考虑境外上市、A股上市、新三板上市企业,深圳共有82家数字创意企业,排名第三,与第一的北京(257家)、第二的上海(114家)差距较大,与第四的杭州(67家)、第五的广州(59家)较为接近。北京、上海资源优势集中,为两地数字创意产业发展带来了大量的创意人才、资金,并构建了相关支撑平台,使两地数字创意产业发展水平呈现出全国领先的态势,因此数字创意企业数远超深圳。虽然深圳近年来创新能力不断增强,创新型产业不断拓展,但相较北京和上海,其企业总量相对不足,中小型企业发展动力不足。

除头部企业以外,独角兽企业作为一种符号和象征,代表着产业创新能力及发展潜力。在某种程度上,一个城市拥有的独角兽企业数量和质量也反映出城市未来发展的趋势。① 就目前而言,深圳独角兽企业相对较少、估值较低,主要集中在硬件制造和金融科技领域。

(三)"强科技,弱内容"结构性失衡

结构性失衡是制约深圳数字创意产业发展的一大问题。深圳数字创意

---

① 楚天骄,宋韬.中国独角兽企业的空间分布及其影响因素研究[J].世界地理研究, 2017(6):101-109.

产业领域除腾讯一家综合性龙头企业之外，其他企业大多属于软件开发、装备制造、内容应用服务等领域，且发展规模都为中小型。北京、上海、广州三座城市均有半数的数字创意企业集中在内容领域，为其数字创意产业的发展提供坚实的内容基础。杭州的企业数量虽然与深圳相差无几，但除了阿里，其在内容领域还拥有网易、华策影视等大型企业。

总体看来，深圳的数字创意产业在内容领域发展较弱，容易导致其在科技与内容的协同发展中后劲不足，出现科技、内容"两张皮"的尴尬局面。为了促进内容领域的发展，深圳今后需要从政策、资金、技术、人才等方面加大支持力度。

三、发展建议

（一）创新数字创意文化消费机制

在数字创意产业未来的发展中，深圳应当以科技红利带动消费红利，探索创新文化消费机制。以"新业态、新模式"促进数字创意产业创新，满足居民个性化、差异化的文化消费需求，以新需求激发新消费，带动文化创意产业发展，从而拉动经济增长。一方面，积极引导数字创意企业从消费者和用户角度进行技术升级和产品供给，充分发挥科技在文化消费中连接产品及消费者的平台作用；另一方面，基于深圳的区位优势，发挥好超大规模消费群体的基础优势，强化消费型社会建设和本土综合性消费平台的打造。在数字经济、数字消费等新应用场景下，深圳要培育文化消费新业态、新模式，从而带动数字创意产业的整体升级。

（二）加快数字创意企业培育孵化

深圳数字创意产业所面临的困境之一就是企业数量少，整体的数字创意活力不够、动能不足。因此，深圳市政府要加快培育数字创意企业，以增加企业数量，提升企业质量，提高产业整体水平。具体措施包括：第一，优化创业环境，全面落实创业扶持政策；第二，发展创业载体，搭建孵化育成平台,鼓励面向数字创意产业的专业孵化平台、众创空间建设发展,吸引和培育中小型数字创意初创企业集聚协同发展;第三,重点优化数字创意产业的财税制度,对创业企业给予政策倾斜;第四,拓宽数字创意产业的信息平台,提高生产要素的流通效率。

(三)注重创意文化内容领域建设

数字创意产业的本质是文化创意,增强深圳数字创意产业竞争力除了要发展创新技术,还要注重文化内核的挖掘和创造。深圳相比本研究中的其他城市缺乏深厚文化底蕴,历史文化基础略显薄弱。然而,深圳位于粤港澳大湾区的核心位置,多种文化在这里交融,有许多文化价值有待深入挖掘。同时,作为经济特区,深圳的时代烙印也是其独特的文化价值。在发展数字创意产业时,深圳政府深入挖掘文化内核,找出深圳文创的立足点,打好数字创意产业的发展基础。

除了立足本土,深圳的数字创意产业还可以将目光投向国内外其他优秀文化,打造共同 IP,实现文化品牌联合。腾讯已经与故宫、敦煌、法国国家博物馆等国内外的众多知名文化品牌联合,开发出了一系列优秀的数字创意产品,为深圳的文化联合打下基础。企业和政府应当共同努力,通过各种渠道和方式,与国内外的优秀文化强强联合,发挥深圳的科技创新优势,补足文化短板。

第二节 中观层面:营商环境

营商环境作为衡量一座城市整体发展水平的外部指标,与企业发展息息相关。深圳近年出台了许多针对数字创意产业的优惠政策,为数字创意产业的发展提供资金支持和税收优惠。同时,政府工作人员具备很强的服务意识和数字公共文化服务水平,注意对本地数字创意产业的宣传。在二级指标政务环境、文化环境、市场环境和法律环境的比较中,深圳取得了优异的成绩。综上,在本次对营商环境的评估中,深圳排名第一位。

一、主要成效

(一)政务环境:完备的产业政策体系

良好的政务环境是产业发展的重要保障。在二级指标政务环境中,深圳仅次于杭州,排名第二。深圳市政府对于数字创意产业十分重视,出台了大量相关政策,致力于打造良好的营商环境。《深圳市文化发展"十三五"规划》提出,在巩固文化产业的现有支柱性地位的基础上,大力发展数字创意产业内容和服务,支持网络剧、网络音乐、网络动漫等新兴文艺发展,强化文化创意和科技创新两大支撑。这对数字创意产业的发展进行了全局性的布局。

在宏观规划的指导下,各部门积极落地相关细则,持续推动数字创意产业的营商环境改革。2017 年,深圳部署开展"优化营商环境行动";2018 年初推出"营商环境改革 20 条",着手进行改革,着力打造一流营商环境;颁布推行《深圳文化创意产业振兴发展政策》《深圳文化创新发展 2020(实施方案)》《深圳市文化创意产业园区认定管理办法》《深圳市文化产业促进条例》等,为数字创意产业的发展提供了完备的政策保障与支持。这些政策在数字创意产业发展过程中都得到了积极落实,切实为深圳数字创意产业发展创造了良好的营商环境。

此外,深圳市坚持打造法治营商环境,为数字创意产业的发展提供更加可靠、有效的司法政策保障。2018 年,深圳中级人民法院相继出台《关于为优化营商环境提供司法保障的意见》《关于加强产权司法保护的实施意见》,持续推进数字创意产业领域的产权保护法治化水平,加强产权主体的创业创新动力。

(二)文化环境:高水平的数字公共文化服务

深圳具备开放包容的文化环境,在该二级指标中排名第一。尤其在数字公共文化服务上,深圳领先全国其他城市。《深圳市文化发展“十三五”规划》提出,要推动重要公共资源的数字化和网络化,通过整合公共文化资源,带动数字文化消费,从而促进数字创意产业的增长。一是推行“互联网+公共文化”,实现公共文化场所无线网络全覆盖,加快公共文化资源、场所的数字化建设。二是支持公共文化机构开展数字化研发应用,提升公共文化服务的数字化体验。三是探索推进公共文化“互联网+”建设,加强公共文化资源整合开发。深圳从多个方面积极提升公共文化服务数字化建设效能。例如,2015 年福田区数字文化馆项目获批全国首批数字文化馆试点,2019 年正式通过国家验收,其具备场馆“年轻化”、数字化资源丰富两大优势,初步探索出一条“互联网+公共文化服务”的新模式。

深圳高水平的数字公共文化服务既能够提升城市文化软实力,也能够整合资源,为数字创意产业提供更广泛、全面的应用场景,打通线上与线下,推进数字创意产业营商环境的优化。

(三)市场环境:人才引培机制与文化金融体系并重

1.强有力的人才引培机制

本次研究数据显示,深圳数字创意产业从业人员共计 287,663 人,在七个城市中位列第二,仅次于北京的 317,366 人。近年来,深圳市建立了强有力的人才引培机制,青年人才成为了深圳数字创意产业发展的中坚力量。在本次研究的营商环境具体指标评估中,深圳人才培养机制完备程度位列第二,人才引进力度位列第一,高端人才留存能力位列第二,在人才情况上全面领先。

在人才引进方面,深圳 2010 年率先推出了高技术人才引进项目“孔雀计划”。截至 2019 年,该计划已累计吸纳 3,000 多名人才。此外,深圳市各辖区还因地制宜出台本区的高层次人才认定计划及补贴方法。人才引进政策极大提升了科技人才进入数字创意行业的比例,从而增强了深圳数字创意产业的整体竞争力。

在人才培养方面，深圳强调“科技兴市”战略，以建设“青年发展型城市”[①]为目标打造富有竞争力的人才特区。深圳重视科技、创意领域的高校人才培养，积极促进数字创意产业领域的产学研结合。深圳政府与深圳大学文化创意产业学院密切合作，通过设立相关课程，提供实践机会，举办产业与新媒体青年人才基地培训、文化科技创新论坛等一系列高端峰会的方式提升人才素养，打造文化科技创新高端人才。

依托对外窗口优势，深圳还与多所国内一流高等院校合作办学，建设研究生院或分校区培养科技人才。北京大学、清华大学、香港中文大学、中山大学、哈尔滨工业大学等一流高校走进深圳，这将会为深圳的数字创意产业提供大量优质人才。在强有力的人才引培机制下，深圳数字科技可以更快、更好地进行产业化，并加快与文化内容产业的融合共生，为数字创意产业的未来发展提供新模式。

2.灵活的投融资体系

在市场经济背景下，健全的投融资体系对数字创意产业的发展起着关键作用。在市场环境指标中，深圳的“市场融资渠道”排名全国第一。作为经济特区，深圳市在近年的发展过程中，以金融科技为发力点，出台了一系列数字创意产业市场环境政策，打造了灵活高效的投融资体系。深圳积极落实广东省政府印发的《广东省推广支持创新相关改革举措工作方案》，为中小企业提供全方位、一站式投融资信息服务。[②] 深圳组织实施“科技金融计划”“股权投资置换”“科技创新券”等项目，加大对企业的普惠性支持和事后资助。[③] 此外，深圳还出台了《深圳市促进创业投资行业发展的若干措

---

① 2017年，深圳市委六届七次全会提出推动建设“青年发展型城市”，对城市发展与青年发展关系进行了全新定位。

② 广东省人民政府办公厅.广东省人民政府办公厅关于印发广东省推广第三批支持创新相关改革举措工作方案的通知[EB/OL].(2018-03-21)[2020-08-15].http://www.gd.gov.cn/gkmlpt/content/0/146/post_146712.html#7.

③ 深圳统计.科技创新成就“中国硅谷”[EB/OL].(2018-12-18)[2020-11-22].http://www.sohu.com/a/282631385_120040259.

施》,助力深圳数字创意产业的投融资。

通过一系列创新举措,深圳基本建立了惠及数字创意产业的投融资体系,有效缓解了数字创意企业的投融资难问题,增强了市场主体的创新活力和运营动力,有力推动数字创意产业持续性增长。

(四)法律环境:领先全国的知识产权保护水平

作为数字创意产业的关键生产要素,知识产权由企业直接或者间接拥有,包括商标权、专利权、著作权等,属于企业的无形资产。据《深圳市2019年度知识产权统计分析报告》,截至2019年年底,深圳每万人发明专利拥有量是全国平均水平的8倍,专利合作条约(PCT)国际专利申请量连续16年居全国大中城市首位,这也使得深圳的知识产权司法保护面临更强的挑战。①

首先,在立法层面,深圳在推动数字创意产业发展的进程中,重点着力于法律保护。在本次研究中,深圳在营商环境评估中位列法律环境指标榜首,取得知识产权审批流程指标位列第二、知识产权保护措施指标位列第一、企业维权行为保障力度指标位列第一的好成绩。纵观法律建设,深圳前后已颁布310个有关高新技术发展的地方性法规及条例,②对数字创意企业的权益进行了有效保护。

此外,在司法和执法层面,深圳重点打造知识产权保护新高地,2017年成立知识产权法庭,负责处理知识产权案件。2018年深圳市首个国家级知识产权保护中心——中国(深圳)知识产权保护中心正式运行。该中心为深圳数字创意产业提供专利快速授权、确权、维权等专业化服务。同时积极借鉴香港知识产权保护经验来提升深圳的知识产权保护水平,重点推动深圳知识产权审判与国际接轨,充分实现知识产权国内外主体的平等保护。可

---

① 李佳佳.深圳五项专利核心指标全国居首[N].深圳商报,2020-04-22(A02).

② 白积洋."有为政府+有效市场":深圳高新技术产业发展40年[J].深圳社会科学,2019(5):13-30.

以看到,深圳健全的知识产权保护体系在推动深圳市技术创新、营商环境优化等方面发挥着重要作用。

二、存在问题

(一)要素成本高昂,限制企业发展

按生产要素划分,数字创意产业中的要素成本以劳动力价格、土地价格对营商环境的影响最大。深圳要素市场化程度高,劳动力价格、土地价格长期居高不下,并一直保持上涨态势。深圳数字创意产业以装备制造、硬件生产类居多,因此对工业用地有很大需求。2011 年深圳工业用地价格约为 6,000—20,000 元/平方米,而到 2019 年,工业用地价格已远远超过十年前。在高昂的土地价格下,深圳整体房地产价格猛增,在一定程度上也为企业发展带来了极大的租金压力。

同时,深圳人才富集,整体工资水平较高,需要企业以良好的经营状况支撑人力成本,大量的人才资源也需要充足的办公空间、住宅资源供给。在高昂的生产要素成本下,深圳许多中小企业面临着很大的发展阻力,难以将资金和收益投入更大规模的技术创新和产品开发,甚至会迫使部分数字创意企业因要素压力而从高价格地区转移到低价格地区,逐渐偏离中心区域,从而制约深圳数字创意产业的发展。

(二)文化项目扶持力度较弱,审批慢

数字创意产业虽然以数字化为特征,但其创意文化内容也是核心要素。虽然深圳市政府每年制定若干项目扶持计划,支持文化产业发展,但是相比杭州、南京等地,其对于文化项目的扶持力度还略显不足。

深圳在文化项目扶持方面,资助项目较少,资助力度较弱,申请标准严格。在三级指标文化项目审批流程的比较中,深圳得分较低,仅排第四。按照《深圳文化创意产业发展专项资金资助办法》以及相关操作规程实施办法,文化项目审批包括以下程序:网上申报—提交书面申报材料—申报材料

初审—现场考察—专家评审— 市文化广电旅游体育局局长办公会审议—市文化创意产业发展联席会议审议—社会公示—市战略性新兴产业发展领导小组审定—市文化广电旅游体育局会同市财政委员会共同下达项目资助计划—申报人与市文化广电旅游体育局签订资金使用合同书—市财政委员会拨付资助经费。上述烦琐的流程对推动深圳市文化发展与创新产生了一定的限制，将会影响数字创意产业的发展速度，从而制约深圳数字创意产业发展。

三、发展建议

(一)从财税层面加大扶持补贴力度

深圳近年来积极响应中央印发的《关于推进文化创意和设计服务与相关产业融合发展的若干意见》精神，在数字创意产业领域出台了一系列财税优惠调整方案，但针对性和支持力度都还有待进一步提高。一方面，政府应用好政策工具限制虚高的土地价格，有效运用房地产税制度压缩房地产泡沫；另一方面，应出台更为具体的措施对数字创意企业经营的房租、物业管理、税收等给予优惠。此外，可以适当扩大购房优惠或积极探索住宅问题的新平衡路径，为人才营造更轻松的发展空间。此外还需做好个人所得税改革，对个税扣除标准采取动态化管理措施，确保物价指数与平均工资水平持平。

(二)优化文化项目扶持和审批政策

深圳亟待加大对文化项目的扶持力度，一是设立优秀文化项目扶持基金，支持以动漫、影视、游戏等数字化形式提升优秀文化创作水平；二是发挥深圳“青年发展型”城市的优势，重点关注青年文化，强化对青年文化项目的专项扶持，为深圳数字创意产业发展提供灵感；三是立足对外窗口和粤港澳大湾区的核心位置，加大文化交流、对外传播的扶持力度，提升深圳文化创意产业的多元化和国际化程度，打造更高质量的创意内容，与深圳的科技优势相结合,推动科技与文化齐头并进。

此外,要提升行政审批效率,为深圳数字创意企业的营商提供更多便利。针对深圳文化项目审批效率低下的问题,深圳市政府应全面整改、重点突破,为数字创意产业的发展营造更加有利的营商环境。重点依托“数字广东”政务系统,加快政务数字化、智慧化改革,积极推进行政审批规范化、便捷化建设。鼓励举报、坚决打击部分行政部门拖延审批或变相设置审批流程的行为。大力推进文化经营“多证合一”,降低企业申办网络文化经营许可证和文化项目的难度,缩短行政审批周期,助力网络文化发展和各类文化项目的顺利展开。

第三节　微观层面:企业效益

企业效益这一评估维度,一方面是对深圳数字创意行业总体经营状况的反映,另一方面也体现了当下深圳数字创意产业中各类企业的生存发展状态。本次评估对北京、上海、广州、深圳、杭州、南京、成都七城市的境外上市、A股上市、新三板上市企业的相关资产、营收数据以熵权法进行综合分析,最终深圳以0.491的得分位居企业效益指标排名第一位。尤其在数字创意企业年度总营收、数字创意企业总利润额、数字创意企业高新技术成果开发转化能力等重点指标上,深圳具有压倒性优势。

一、主要成效

(一)企业总体投入产出较强,经济效益高

本次研究数据显示,深圳共有82家数字创意企业,覆盖互联网、技术与硬件、软件与服务、广告业、影视业、装备制造等多个产业领域。尽管在数字创意资产总额排名中,深圳以8,897.62亿元位居第二,介于杭州(9,958.48亿元)、北京(7,462.09亿元)之间,但在数字创意企业年度总营收上,深圳以

4,554.57亿元领先杭州和北京。

通过分析京杭两城的企业布局和发展状况可以看出,北京的优势在于数字创意企业数量多,因此资产总额累计最高,但市场化程度低于深圳,因此营收能力较弱。而杭州拥有阿里巴巴和网易两家巨型公司,还有华策影视、宋城演艺等一批大型企业,因而资产总额排名靠前。但杭州的内容服务型企业更多,因此在营收能力方面稍弱于以硬件装备业为主的深圳。可以看到,深圳数字创意企业在投入产出能力方面具有极大优势,其高额营收和利润将会反哺研发环节,从而有效带动深圳数字创意产业的发展。

(二)头部企业带动效应显著

深圳在企业效益维度的各项指标中排名靠前,得益于腾讯的头部带动作用。腾讯是中国最大的互联网企业之一,截至2020年5月,市值5,186亿美元的腾讯成为全球市值前五的互联网企业;2019年,腾讯营业收入377亿元,营业利润96亿元,年度全面收益总额120亿元。腾讯以互联网为基础,通过"文化+科技"的发展模式,对深圳数字创意产业起到了强有力的推动作用。

在新科技方面,腾讯以技术创新作为发展数字创意产业的支撑点。自进行了史上第三次大型组织变革后,腾讯对自身的组织框架进行调整,依托技术工程事业群(TEG)、云与智慧产业事业群(CSIG)强化技术创新和科研创新,为数字创意产业提供支撑。TEG负责为公司各事业群提供技术及运营的平台支持、研发管理和数据中心运营。CSIG负责推进公司云与产业互联网战略,依托AI、云等技术创新打造智慧产业升级方案,探索新基建与产业领域的业务创新。依托TEG和CSIG,腾讯已经设立人工智能实验室、量子计算实验室、七大安全实验室、AI Lab研究院、优图实验室等科研部门,在人工智能、机器学习、虚拟现实、量子计算等"高新尖"科技领域不断创新,掌握了多项世界级领先技术,为其数字创意产品研发持续赋能。

在新文创方面,腾讯从数字文化领域发力,对早在2011年提出的泛娱乐战略进行升级。依托微信事业群(WXG)、平台与内容事业群(PCG)、互动娱乐事业群(IEG)、企业发展事业群(CDG),腾讯在音乐、文学、视频、游戏等内容领域持续创造价值。其中,PCG推动文化与平台的融合发展,整合腾讯旗下的社交平台、流量平台,以新闻资讯、网络视频、体育、直播、动漫等领域为拓展平台,推动IP的跨平台发展,为用户提供海量的数字内容产品。IEG则专注互动娱乐业务的开拓和运营,以腾讯电竞、腾讯游戏为主体,通过结合前沿科技为用户创造高品质的引领性互动娱乐内容,积极搭建以互动娱乐为主导的数字文化内容生态。

依托互联网平台,腾讯通过“科技+文化”已经形成鲜明的数字创意产业名片。《王者荣耀》作为IEG旗下天美工作室群开发并运行的一款数字游戏产品, 2019年营业收入达16亿美元,蝉联全球游戏利润排行榜冠军。《王者荣耀》自诞生之初就被贴上了中国文化标签,其英雄大多为中国历史人物,通过数字化形式将传统文化与电竞游戏结合,促进了中华优秀传统文化的传承与创新。自2017年起,敦煌研究院与腾讯达成战略合作,共同发起“敦煌数字供养人”计划。腾讯基于其新文创战略,通过数字创意,号召全社会参与敦煌文化的保护和传承。此外,腾讯影业近年来打造了《庆余年》《流浪地球》《建国大业》《我和我的祖国》等优质影视产品,持续以IP为核心,探索数字创意产业发展的新路径。

(三)A股、新三板特色企业实力强劲

除在香港上市的巨头企业腾讯以外,深圳还有在A股和新三板上市的天源迪科、天威视讯、中青宝、爱玩网络、志合传媒等实力强劲的特色企业。此类企业分布于数字创意产业生产链的各个环节,均已进入发展成熟期,在营收稳定的同时,具备较强的融资投资能力,在国内外市场也拥有一定的品牌影响力。

深圳天源迪科信息技术股份有限公司是国内领先的产业互联网和大数据综合解决方案提供商,专注于互联网技术在商业模式上的创新发展,业务范围覆盖运营支持、大数据、移动互联网解决方案等。其注册资本为 6.37 亿元,2019 年营业收入 44.7 亿元,营业利润 1.72 亿元。作为首批国家级高新技术企业,天源迪科正大力发展云计算、大数据、人工智能、物联网,形成跨领域、多业务的产业布局。

深圳市天威视讯股份有限公司是我国有线电视网络行业的第一家股份制企业,也是深圳文化产业第一股,负责深圳地区有线电视网络相关业务。其注册资本为 8.03 亿元,2019 年营业收入 17 亿元,营业利润 1.69 亿元。该公司以传输视频信息和开展网上多功能服务为主,同时向产业链的上下游渗透,形成了多业务并举的文化产业发展模式,探索出一条广电事业和文化产业协同发展的新型数字创意产业模式。①

深圳中青宝互动网络股份有限公司成立于 2003 年,是一家专业化网络游戏公司,也是全国网络游戏行业首家 A 股上市公司、国家高新技术企业。其注册资本为 2.63 亿元,2019 年营业收入 4.69 亿元,营业利润 5, 135 万元。公司现有员工 900 多人,其中研发人员占 70%以上,拥有雄厚的技术研发基础、文化创造力及资金资源。

深圳爱玩网络科技股份有限公司以游戏运营为主营业务,同时布局游戏发行、互联网游戏出版、媒体、大数据、社交文娱等领域。其注册资本为 5, 089 万元,2019 年营业收入 2.32 亿元,营业利润 1, 710 万元。自 2016 年在新三板挂牌上市起,其连续两年入选新三板创新层。爱玩网络致力于手机游戏研发、运营和销售,具备电脑端、安卓版和苹果版手机游戏平台的全套独立研发能力。

深圳志合传媒股份有限公司成立于 2011 年,是一家提供广告数据智能化运营解决方案的服务商。其注册资本为 5, 575 万元,2019 年营业收入2.14 亿元,营业利润 2, 783 万元。志合传媒立足"精准投放+内容制作+智能化运

---

① 吴玉彬.基于斯科特混合兼并模型的中国上市企业并购重组价值问题研究[D].兰州:兰州商学院,2014.

营+技术开发”四大板块,为客户提供广告营销最佳组合解决方案。志合传媒致力于大数据在广告行业的加工及转化技术的应用,已与喜马拉雅、抖音、今日头条等建立长期合作关系。

二、存在问题

(一)企业分化断层,差距明显

在本次研究中,虽然深圳的企业经济效益综合排名第一,但是腾讯作为头部企业的拉动作用太过明显,形成一家独大的局面。其他数字创意企业的资产和利润占比非常低,头部企业与其他企业之间形成了明显分化。

中小型企业是深圳数字创意产业的重要组成部分,但因其体量小,资源相对匮乏,投入产出能力不高。相比北京庞大的企业数量,以及上海、杭州各梯度企业的健康发展,深圳的数字创意企业断层严重,中小型企业资产规模小,从业人员少,利润营收低,甚至还有大量企业出现亏损状况。头部企业本身拥有更多的科技创新成果、大量的流动资金和丰富的资源。但企业之间存在明显断层,容易使深圳数字创意产业过于集中,中小型企业的创新活力难以迸发。因此,如何帮助中小型企业扩大规模,应用科技创新成果,摆脱头部企业影响下的发展困境,提升中小型企业的创意价值,是深圳数字创意产业发展面临的一道难题。

(二)企业社会效益较弱,影响力有待提升

企业社会效益是指企业对社会、环境、居民等带来的综合效益。本次研究在社会效益二级指标中设立了数字创意企业社会影响力、数字创意企业文化形象两个三级指标。尽管腾讯在企业效益维度的经济效益指标中获得第一,但在社会效益指标上却有着明显劣势。根据本次研究的数据,深圳数字创意企业的社会效益在七城市中排名第四,落后于北京、杭州和上海。

深圳数字创意产业以技术研发、装备制造为主导,在文化内容领域长期处于劣势。而其企业社会效益的塑造往往来自更为直接、可观的内容呈现。

因此，受限于产业布局，深圳市数字创意企业的社会效益相对有限。尽管有头部企业腾讯的加持，深圳数字创意企业整体的社会效益在评分上仍然落后于北京、杭州和上海。这在很大程度上可以归因于以腾讯游戏为代表的互动娱乐产品所带来的负面价值。因此，即便身为巨头，腾讯仍难以一己之力拔高深圳数字创意企业整体的社会效益。

三、发展建议

（一）激发中小型企业活力，强化经营与创新

面临企业分化的发展困境，深圳需要加大力度提升中小企业的经营活力、创新实力。在经营活力方面，一是加大力度落实关于简化中小企业政务审批流程的规定；二是用好财税政策，优化中小企业营商环境；三是政府加大宣传力度，使更多的中小企业了解优惠政策，同时严格执行审核标准，使政策能够真正惠及这些中小企业，通过为中小企业的发展提供便利，强化中小企业的经营活力。

在创新实力方面，一是搭建公共技术服务平台，鼓励公共服务机构为中小企业提供服务；二是加快协同创新体系建设，让中小企业连接区域内高校以及各类国家级实验室、科研机构，建立协同创新模式；三是拓展中小企业的创新资源，促进要素的自由流动，提高中小企业的文化要素配置效率，鼓励中小型企业主动参与科研创新；四是建立健全头部企业与中小型企业之间的帮扶机制，鼓励头部企业向中小企业提供共享基础技术，引导中小企业在头部企业的体系下迸发创新活力。

（二）提升企业社会效益，贡献正向价值

深圳在数字创意产业的经济效益上领先各大城市，因此在未来可以采取措施引导企业创造更多的社会效益，提升企业的美誉度，增强企业的价值使命感，打造受公众欢迎的数字创意产业品牌。

要化解当下产业布局中“强科技、弱内容”的结构性失衡问题。要强化

对数字创意企业在文化项目上的扶持，以政策驱动企业进行数字文化内容生产；发挥好粤港澳大湾区核心城市的优势，深入挖掘区域文化资源；打造具有特色文化的数字创意精品；鼓励技术型、制造型企业参与文化内容企业、项目的设计和研发，促进文化与科技协同发展。同时，针对以游戏等互动娱乐为代表的数字创意领域，政府相关部门需要加强监管，尤其是在未成年人登录时长、消费充值、内容规范等方面，督促企业和平台建立完善的互动娱乐产品管理办法和未成年人保护体系。以腾讯为代表的头部企业则要持续发挥其在社会公共事务中的引领作用，以企业为平台，做好科技、文化、教育、公益的“连接器”。

在先行示范区的政策利好下，依托雄厚的数字科技基础，深圳在七大城市的数字创意产业竞争力评估中，综合指标排名第二，总分略低于北京。从产业状况维度比较来看，深圳排名第二，其产业基础雄厚、产业集群专业化程度高、特色领域优势显著，但也存在文化消费规模小、数字创意产业领域的独角兽企业欠缺以及“强科技、弱内容”的结构性失衡等问题。在营商环境维度，深圳已经形成了完备的产业政策体系，营造了支撑数字创意产业飞速发展的大环境。但如何更进一步地从要素成本角度优化营商环境，是深圳在今后数字创意产业发展中需要面对的问题。在企业效益维度，得益于腾讯作为龙头企业的头部带动效应，深圳数字创意企业总体上具备较强的投入产出能力，并且在 A 股和新三板出现了很多实力强劲的特色企业。不过，如何提升中小企业的经营活力，消除大型企业与中小企业之间的鸿沟，提升数字创意企业的社会效益，需要深圳在今后的数字创意产业发展中进一步布局和改进。

第六章　杭州数字创意产业发展现状及对策建议

杭州具有深厚的文化底蕴，作为我国长三角数字创意产业集群的中心城市和重要增长极，在我国数字创意产业整体布局中举足轻重。文化、科技与创意三者之间的不断融合，激发了这座城市的潜力。杭州立足"建设全国文化创意中心"的城市定位，培育了影视制作、动漫卡通、网络游戏、数字设备等优质业态，并涌现出阿里文娱、网易云音乐、华策影视、宋城演艺等品牌企业。

在本次北京、上海、广州、杭州、深圳、南京、成都七大城市的数字创意产业竞争力评估中，杭州总体排名第三，仅次于北京和深圳；在产业状况、企业效益两个一级评估维度上，杭州均取得了第三名，且营商环境位列第二；在三级指标中，杭州的产业规模、市场环境、法律环境、文化环境均位居第二，政务环境排名第一。从三个维度的排名可见，杭州的综合实力十分强劲，各项指标排名都比较靠前，同时具备整体优点与特色优势。

杭州城市发展与其数字创意产业正逐渐形成双向联动的局面。一方面，杭州致力于促进数字创意产业的发展，从产业布局、政策管理、文化开发、人才培育等方面为数字创意产业构建了优越的成长环境；另一方面，蒸蒸日上的数字创意产业也反哺着杭州，从经济、社会、文化等方面为杭州城市发展提供了新模式、新平台和新动力。但在发展过程中，杭州也不可避免地显露一些短板。

第一节 宏观层面:产业状况

近年来,在相关政策的鼓励支持下,依托长三角地区的区位优势,杭州的数字创意产业迅速发展。根据本次研究数据,2018 年,杭州文化及相关产业增加值已达到 3,347 亿元,占地区 GDP 比重高达 24.78%。① 凭借文化及相关产业的高速发展态势,杭州在七个城市的横向对比中占有极大优势。因此,在产业状况维度上,杭州位列第三,整体排名比较靠前,仅次于北京和深圳。从二级指标排名中也可以看出,杭州在产业规模上位列第二名,具备优势,但产业创新排名则相对靠后,是其主要短板。

一、主要成效

(一)深耕文化"软实力",文化产业基础全国领先

在对产业规模的评估中,杭州的文化及相关产业增加值、其占地区 GDP 的比重遥遥领先于其他六个城市。可见,杭州文化产业实力强劲,文化产业对杭州经济发展起着至关重要的作用。数字创意产业本质上是文化内容产业,离不开文化产业的支撑。杭州较高的文化产业增加值为其数字创意产业的发展打下了坚实的文化根基,并为其持续发展提供了源源不断的文化动力。

杭州的文化基础设施建设完善。2019 年年末全市拥有文化馆(不含省文化馆)14 个,公共图书馆 15 个(不含省图书馆),博物馆、纪念馆 75 个。② 全年制作电视剧 7 部共 357 集、网络电视剧 6 部、网络电影 13 部、网络动画片 2 部,放映电影 274 万场次。③ 可见,杭州文化艺术作品的创作与发展从

① 2018 年杭州市国民经济和社会发展统计公报[EB/OL].(2019-03-04)[2020-11-22].http://www.hangzhou.gov.cn/art/2019/3/4/art_805865_30593279.html.

②③ 2019 年杭州市国民经济和社会发展统计公报[EB/OL].(2020-03-20)[2020-11-22].http://hangzhou.gov.cn/art/2020/3/20/art_805865_42336875.html.

未停歇。对文化基础设施建设的重视为杭州居民的休闲娱乐提供了基础条件,这不但有利于满足人们的文化需求、推动文化产业的转型,还为数字创意产业发展奠定了坚实基础。

智慧文旅是杭州数字创意产业发展的一张名片。在文旅融合的宏观背景下,2019 年全年杭州旅游休闲产业增加值为 1,191 亿元,增长 12.1%,旅游总收入 4,005 亿元。① 良渚文明内涵深厚,西湖美景令人向往,千年大运河生生不息,杭州依托丰富的文化旅游资源打造出文化旅游的"金字招牌"。与此同时,作为国家智慧旅游试点城市,杭州也正着力完善旅游大数据的应用与推广。2015 年,杭州启动旅游经济实验室,依托信息技术应用和大数据集成,构建多主体的旅游产业数据体系,加快推进杭州文化旅游生态系统的转型升级,传播杭州文化,构造"文旅+"新业态。文化兴盛则城市繁荣,深厚的文化软实力赋予杭州数字创意产业蓬勃生机。

(二)数字经济实力强劲,赋能产业持续发展

近年来,数字经济对杭州 GDP 的带动力持续增强、其核心产业增长迅速,对全市经济增长贡献率保持在 50%左右。2019 年,杭州数字经济核心产业增加值达到 3,795 亿元,增长 15.1%,高于 GDP 增速 8.3 个百分点,占 GDP 的 24.7%,其中数字内容产业、软件与信息服务和电子商务分别增长 16.3%、15.7%和 14.6%。②

可以看到,数字经济是杭州经济结构中的重要组成部分。电子商务是数字经济的典型代表。杭州作为"电商之都",数字经济的发展水平处于全国前列,实力不容小觑。截至 2018 年,杭州已经成功举办十年的"双十一购物狂欢节",全天成交额超过 2,135 亿元,③在拉动内需、带动就业与扶贫方面都发挥了重要作用。在争创"全国数字经济第一城"的战略指引下,杭州

①② 2019 年杭州市国民经济和社会发展统计公报[EB/OL].(2020-03-20)[2020-11-22].http://hangzhou.gov.cn/art/2020/3/20/art_805865_42336875.html.

③ 杭州:打开数字经济未来之门[N].人民日报,2019-09-09(15).

正依托数字经济的持续引领，逐渐将杭州建设成为具有一流水平的数字经济理念和技术发源地、数字产业化发展与变革的基地、运用数字化完善社会治理的领头羊城市，杭州对数字经济的持续开发也为创意产业的发展带来更多新机遇。①

数字经济不仅是一种经济活动，更是产业、城市、社会变革的驱动力量。② 2018 年，杭州市制定并实施《杭州市全面推进“三化融合”打造全国数字经济第一城行动计划(2018—2022 年)》，文件指出要将杭州打造为全国产业数字化变革示范地，推动服务业数字化升级，致力于推动文创产业的创新发展，其中着重强调了要大力发展数字文创产业。此外，在疫情影响下，杭州的传统文化企业纷纷通过数字化转型，催生了文化直播、电商直销等新文化营销模式，③激活了杭州文创的消费潜力与创新实践。

(三)特色数字内容领域建设成效显著

在建成全国创意中心城市的战略定位下，数字创意内容生产与数字创意技术设备、应用服务等行业交相配合，共同构成了杭州层次分明、合理有序的数字创意产业结构。同时，杭州将数字内容生产作为其发展核心，在数字动漫与网络游戏领域取得了领先全国的优异成绩，并持续推动数字出版、数字音乐、数字设计、数字演艺、数字影视等行业协同发展。以下为杭州数字创意产业领域最具代表性的部分业态。

1.数字影视产业

长期以来，浙江省在我国数字影视产业中占据着重要地位，而杭州市是浙江数字影视产业的一张特色名片。杭州已涌现出包括“中国电视剧第一股”——浙江华策影视股份有限公司、“国内最大纪录片库制作公司”——浙

---

① 李哲.杭州离“数字经济第一城”还有多远[J].信息化建设,2020(2):28-30.

② 杭州:争创“全国数字经济第一城”[J].信息化建设,2021(3):31.

③ 厉玮.今年线上文博更出彩[N].杭州日报,2020-10-23(A23).

江长城影视有限公司等在内的一批优质数字影视企业。[①] 中国(浙江)影视产业国际合作区被认定为首批国家文化服务出口基地,[②]可见,杭州数字影视产业正通过日趋成熟的市场化经营模式,积极推动影视作品“走出去”。杭州数字影视产业将统筹多方资源,利用国内外各大平台,通过优质内容生产与先进数字技术的协同发展,为杭州数字创意产业增添活力。

2.数字游戏产业

近年来,杭州“电竞之都”的品牌效应持续增强,越来越多的资本注入杭州数字游戏产业,为杭州数字游戏产业的发展提供了源源不断的机遇。同时,电子竞技正式成为亚运会比赛项目,进一步刺激了数字游戏产业的发展。在《2019 中国电竞城市发展指数》中,杭州被列为一线电竞城市,在拥有电竞相关企业数量的排名中,仅次于北京、上海,位列第三。

与此同时,杭州市数字创意产业的龙头企业阿里巴巴的游戏业务也在进行新的调整。从《三国志 · 战略版》开始,阿里自主研发游戏业务水平逐步提高,也影响着杭州的游戏变革。据相关数据统计,阿里仅《三国志 · 战略版》一款游戏的收入就几乎匹敌大文娱总收入的 25%,可见阿里游戏业务的影响力越发举足轻重。其所属的互动娱乐事业部(灵犀互娱)整体升级为独立事业群的这项调整,一定程度上证明了阿里的游戏业务已走过初步孵化期,迈向了更成熟的阶段。

阿里巴巴游戏业务的发展与改革也影响着杭州游戏产业的变革。目前,杭州正依托其已有的产业基础,通过打造“电竞之都”,不断提升其数字游戏产业的实力,并研发面向未来的云游戏,推动杭州游戏产业转型升级。

3.数字动漫产业

在打造影响力辐射国外的“动漫之都”这一战略目标的引领下,加上近

---

① 竺颖斐,康胜.杭州“创意之都”发展路径探析:以西溪湿地文化创意园为例[J].中国软科学,2012(S):122-130.

② 祝之君,齐思,王聪.杭州商务:蓄能发力强劲攻势造“两战”胜势[N].国际商报,2020-05-22(8).

年来数字化进程的推进，杭州数字动漫产业迅速发展，已成为杭州数字创意产业领域的核心业态。自2005年以来，中国国际动漫节每年都在杭州举行，杭州也开始被贴上"动漫之都"的标签。2020年，第十六届中国国际动漫节在杭州举办，参展的国家、地区、机构、商企数目持续走高。同时，动漫节正在加深与阿里巴巴的合作，逐渐形成与阿里巴巴在节展与行业两方面互通有无、共享资源、沟通互动的机制，促成动漫节展与行业的共赢。这一动漫节先后被国家"十一五"和"十二五"文化发展规划纲要列为重点扶持的文化会展项目。

杭州数字动漫产业持续致力于推动优秀文化资源与数字动漫技术融合发展，充分运用AR、VR等高科技提高动漫的制作水平与用户体验，增强杭州动漫产业竞争力，优化动漫产业结构，引领杭州数字创意产业蓬勃生长。

4.产业园区提供有力支撑

杭州数字创意产业正依托"之江文化产业带"，以钱塘江为主轴，形成集数字文化产业基地、影视产业基地、艺术创作产业基地、动漫游戏产业基地于一体的园区布局。[①] 截至2020年，杭州拥有省市文化产业示范园、文创街区等50余个，[②]白马湖生态创意城作为其中的优秀代表，更是为杭州数字创意产业提供了强有力的支撑。

白马湖生态创意城是杭州高新区（滨江）重点打造的数字创意产业基地，形成了数字传媒等一系列特色优势产业，其营收水平与税收贡献在全省都处于领先地位。与此同时，它是中国国际动漫节的永久举办地。第十六届中国国际动漫节的现场签约金额已超过2.5亿元人民币，[③]有力地带动了

---

① 之江或成杭州最宜居宝地：文化新引擎昨天全面启动[N].都市快报，2018-06-27(1).

② 张建文，张雅丽.杭州荣获"国家文化和旅游消费示范城市"称号[N].杭州日报，2020-12-30(A20).

③ 杭州市文化创意产业发展中心.白马湖生态创意城：作为杭州市文化产业园区典型代表，TA如何拿下"国字号"？[EB/OL].(2020-12-31)[2021-10-22].https://www.0571ci.gov.cn/article.php?n_id=11848.

杭州经济的发展,形成了一定的品牌效应。白马湖生态创意城拥有国家动画产业基地、杭州国家数字出版产业基地核心园区、杭州国家文化和科技融合产业基地核心区三块“国字号”招牌。2020 年 12 月 25 日,白马湖生态创意城被认定为“国家级文化产业示范园区”,社会影响力与示范效应显著。白马湖生态创意城还具有极强的辐射带动作用,已基本形成以“文化+科技”为特色、多业态融合发展的全产业链条,形成了集群驱动力量,促进杭州文化产业发展“持续向好”,[①]有效带动了网络文学、网络影视、网络音乐、网络动漫、网络游戏等数字创意产业领域健康有序发展。

二、存在问题

(一) R&D 经费投入相对不足,制约科技发展

研发投入能反映一个城市、一个企业对创新的重视程度,而创新成果则需要发明专利等数据来衡量。[②] 数字创意产业作为一种依托于创意内容和数字科技的新兴产业,其发展速度、产品质量与 R&D 经费的投入与运用效果、科研成果转化率都有着密不可分的关系。但根据本次评估得出的结果,杭州的 R&D 经费投入数额并不高,仅有 464.3 亿元,[③]与排在首位的北京(1,870.8 亿元)差距较大,远低于北京、上海、深圳三城市的经费投入。在 R&D 经费支出占地区 GDP 比重上,杭州同北京(6.17%)、深圳(4.80%)、上海(4.16%)都还有一定差距。此外,杭州的高新技术企业数量也远低于北上广深,致使其在科技创新方面无法跻身第一梯队。忽视技术创新发展与研发经费投入,制约着杭州的数字创意产业创新发展,这也是杭州在竞争力评

① 杭州市文化创意产业发展中心.白马湖生态创意城:作为杭州市文化产业园区典型代表,TA 如何拿下“国字号”? [EB/OL].(2020-12-31)[2021-10-22].https://www.0571ci.gov.cn/article.php? n_id=11848.

② 孙不熟.R&D 经费竞赛:谁是中国研发强度最高的城市[EB/OL].(2017-09-09)[2021-11-22].http://www.sohu.com/a/190934688_234784.

③ 2018 年我市 R&D 经费投入强度达 3.44%[EB/OL].(2019-09-16)[2021-11-22].http://www.hangzhou.gov.cn/art/2019/9/16/art_805866_38104380.html.

估中的产业创新一项排名落后的原因之一。

在R&D经费投入上，相较北京，杭州缺乏全国政治中心的科研经费政策优势；相较上海，则缺乏作为全国经济中心的财政优势。而深圳与杭州同为新兴城市，又在数字创意产业领域分别形成了以腾讯、阿里巴巴为核心的产业格局。在高度的相似性下，二者2018年R&D经费支出仍然相差近700亿元，而2017年二者的R&D经费相差500亿元左右，这表明二者的经费投入差距有所增大，更显示出杭州数字创意产业在R&D经费投入上的欠缺。

R&D经费投入相对不足，无法满足杭州市在新兴经济领域积极发力的现实需要。

（二）产业集群专业化程度有待加强

产业集群是特定行业和相关文化企业集中在某一区域内形成一条产业链的产业发展模式，或实行产业集群生产经营的方式。它有利于不断引领产业结构升级、企业创新，提高区域竞争力。[①]

杭州数字创意产业集群专业化程度有待加强。其一，杭州大部分数字创意产业园区均以中小企业集聚为主，缺少龙头企业的带动。例如杭州高新区（滨江区）作为动漫游戏的产业集聚群，尽管在2019年已有148家高新技术企业，[②]甚至拥有包括中南卡通、边锋网络、电魂网络、玄机科技等一批在业内具有较强竞争力的企业，但尚未涌现出能够辐射周边、引领长三角、享誉国外的数字创意企业。其二，在企业集聚层面，杭州数字创意产业集群主要以产业链上中下游的商业运行连接为主，而数字创意产业的技术研发能力则相对较弱。部分集群在数字创意产业的技术集成层面还有待加强。因此，云栖小镇作为阿里巴巴与杭州市政府共同打造的以云计算为核心的

---

① 张相蓉，张庆亮.中小城市文化创意产业集群分析：以蚌埠市为例[J].绥化学院学报，2012(5)：76-79.

② 杭州市科学技术局.关于2019年杭州市"雏鹰计划"企业和杭州市级高新技术企业拟认定名单的公示[EB/OL].(2019-09-18)[2021-03-16].http://kj.hangzhou.gov.cn/art/2019/9/18/art_1694003_39576658.html.

特色小镇,其以高新科技为主导的产业集群模式,值得在杭州数字创意产业领域借鉴推广。

无论是深圳龙岗数字创意产业中心,还是北京中关村,这些数字创意产业园区在经过长期的发展后,形成了相对稳定的产业链条和整合模式。杭州数字创意产业集群可以从中吸收和借鉴经验,以产业集群的强化推动区域内资源的优化配置、技术的创新转化、产品的生产研发,提升杭州数字创意产业的专业化程度,增强其市场竞争力。

(三)产业结构存在调整空间

当前,杭州数字创意产业的整体结构还有一定的优化空间。其一,大型数字创意产业、在国际上具有较强知名度和影响力的数字创意企业数量都有待增加,独角兽企业相对欠缺。其二,杭州在数字创意产业领域侧重于虚拟数字内容的生产。在本次纳入统计的 67 家杭州数字创意上市企业中,大部分企业隶属于内容产业领域,在装备制造、硬件开发等实体经济层面发展的企业较少,可见杭州的数字经济尚未对实体经济实现赋能。其三,人才是推动产业结构升级的重要生产力。杭州与坐拥大量双一流高校和科研机构的北京相比,在高精尖人才数量上并无优势;与作为对外开放经济特区的深圳相比,其在人才结构上也不具备多样化的特点。其四,数字经济与文化资源固然是杭州的优势,但杭州“文化+科技”的融合发展模式尚未完全成型。

三、发展建议

(一)开放投资融资渠道,提升 R&D 经费投入

随着全球经济格局变迁,科技创新成为引领经济发展的主导力量,R&D 经费投入在促进区域经济增长和竞争力提升方面发挥着关键作用。因此,想要改善杭州 R&D 经费投入不足的问题,除了增加政府财政投入,更重要的是尝试进一步开放数字创意产业及其相关领域的投资范围,拓展 R&D 经费来源。

杭州市政府需通过制定有效的激励政策，引导企业增加 R&D 投入。有效的扶持政策能够降低由企业投入存在的外部性、不确定性、风险性等特性造成的成本与收益风险。[①] 可以借鉴深圳以腾讯、华为等优质科技企业作为投资桥梁，吸收国外科研项目资金投入的发展经验。杭州可以依托阿里巴巴、华策影视等数字创意领域的重点企业，通过技术研发、提升成果转化能力，持续吸引外资进入，并为外资提供有效的支持和保障。

《杭州市科技创新“十三五”规划》中明确提出，到 2020 年，全社会研究与试验发展经费支出相当于生产总值的比重达到 3.5%。可见杭州正试图通过政府补贴、对外引资、税收优惠等一系列措施的优化来改善 R&D 经费投入不足的问题。杭州市应积极响应国家发改委发布的《社会领域产业专项债券发行指引》精神，利用好我国首次设立的文化产业“专项债券”，吸纳过剩的民间资本投资到数字创意产业领域。要以外资和民间资本来补足除政府财政投入之外的剩余 R&D 经费提升空间，并完善监督管理机制，确保 R&D 经费在数字创意产业领域得到合理有效运用。

（二）完善合作竞争机制，优化产业集聚效应

产业集聚是提高产业竞争力的重要途径，除了能够吸纳各类企业在空间上集中，还可以形成高效有序的协同合作体系，从而实现互利共赢与产业整体稳健发展。要进一步强化杭州数字创意产业的集聚效应，具体可以从以下几个方面出发。

首先，作为总体规划的主导力量，杭州市政府必须加快为市场主体搭建产业平台。通过产业平台的搭建实现产业园区、企业之间的有机联动，进一步推动相关资源在集聚区内的优化配置与有效利用。

其次，头部企业要积极发挥其在产业集聚中的引领作用。阿里巴巴作为杭州数字创意产业中的龙头企业，要持续为相关合作企业提供产品集成、

---

① 宗秋，金晶，彭建良.我国主要城市 R&D 投入的比较及对杭州的启示[J].杭州科技，2017(5)：51-55.

业务开放和资源对接等服务，从而提升杭州数字创意产业集聚的专业化水平。政府作为管理者要营造公平、公正、公开的市场氛围，让各产业集群通过竞争与合作提高产业关联，进一步打通相关产业链的上中下游，推进产业集聚分工的合理化、有效化。

再次，杭州要建立有效的竞争、合作机制，以进一步提升数字创意产业集聚的专业化与合理化水平，让不同规模类型的企业在分工与融合中构筑更为完备的数字创意产业链条，以此来实现杭州数字创意产业总体布局的完善、发展质量的优化、企业能力的提升，最终带动产业结构优化升级。

（三）优化资源配置方式，推动产业结构升级

产业结构的调整和优化直接影响着一个地区的文化产业竞争力。因此，为促进杭州数字创意产业发展壮大，进一步提升其市场活力，从相关经验出发，杭州可以从以下几个方面对其数字创意产业结构进行调整。

第一，要充分有效地利用杭州现有的数字创意产业要素资源，通过对要素的优化配置使其在各类具体业态之间得到合理的分配和使用。第二，要将杭州数字创意产业的总体发展与国民经济、社会发展的总体需求匹配，通过优质数字创意产品的生产开发来平衡市场供需，从而使产业结构在此过程中达到均衡。第三，在产业发展中要积极引进、推广新兴科学技术，如人工智能、VR、AR、云计算、大数据等，完善新型基础设施建设，通过新基建带动文化资源的融合，进一步提高数字创意产业的整体技术附加值。第四，重点培育主导产业和龙头企业，使其在数字创意产业各部门中发挥重要带动作用。

在杭州的数字创意产业结构下，应持续深耕已发展较为成熟的数字动漫、数字游戏、数字影视等业态，加快阿里巴巴、华数传媒、华策影视等各领域头部企业的建设。除此之外，可以在巩固已有数字创意产业形态的同时，积极开拓新兴业态，补齐硬件设备短板；通过开拓新市场，延长原有的数字创意产业链，为优化和调整数字创意产业结构提供新平台。

第二节 中观层面:营商环境

营商环境作为一项外部指标,与企业的生存发展有着最直接密切的关联。优越的营商环境一定程度上可以直接激发企业主体的创新能力及产业市场的发展潜力,从而让一个城市永葆活力。作为新一线城市,杭州对营商环境的不断优化,是其推动城市发展的重要保障。在本次七城市数字创意产业竞争力评估中,杭州凭借强大的人才吸引力、包容多元的文化环境、较高的城市宜居度、廉洁高效的政务环境等诸多优势,在营商环境的总体排名中压倒产业基础雄厚的一线城市北京和上海,一跃成为仅次于深圳的第二名,且在三级指标竞争中,取得了政务环境位居榜首,文化环境、市场环境、法律环境位列第二的好成绩。

一、主要成效

(一)文化环境:生活环境舒适,公共文化服务水平全国领先

1.城市环境宜居,生活舒适

在本次竞争力评价中,文化环境下的三级指标城市宜居性中得分最高的就是杭州(4.22 分),与位居末位的北京(3.88 分)拉开较大差距。这主要是因为杭州作为一线城市的后起之秀,小区、交通条件等基础设施落后陈旧等问题较少,相较北京等老牌一线城市,杭州没有限制性的城市功能定位,城市负担相对轻。深厚的历史文化内涵与优美的自然风光更为杭州增添魅力。

古往今来,杭州从不缺乏文人墨客对其灵秀风光的赞誉。千年的建城历史让自然风光与城市景观日趋融为一体,西湖美景、亭台楼阁、碧水青山、吴侬软语,共同造就了杭州舒适宜人的城市基调。此外,作为新一线城市,相比北京、上海、广州等资深老牌一线城市,杭州拥有更轻松的生活节奏、更

包容的城市文化,为数字创意产业从业者提供了良好的生活空间。

杭州建设宜居城市和智慧城市的步伐加快。打造“六有”宜居小区是杭州努力建设宜居城市的重要举措之一,杭州借此全方位提升小区居民的便利感与幸福感。2019年,杭州市出台了《杭州市老旧小区综合改造提升工作的实施方案》等文件,以小区为单位打造宜居城市。在智慧城市方面,杭州积极依托数字技术、数字经济的强势发展,通过数字化赋能小区改造,比如将大数据、云平台等信息技术嵌入社区治理等。在《杭州市5G通信设施布局规划(2019—2022年)》的政策指引下,杭州市大力支持5G基础设施建设,为构建未来社区、实现小区数字化、智能化建设奠定基础,加速推动小区改头换面的步伐,为提升城市舒适度添砖加瓦。

此外,杭州文创企业分布密度从城市中心向外围呈现出圈层式递减的结构形态,[①]尤其是中心城区的文创企业更是沿着交通干线密集分布,良好的交通条件完美解决了从业人员的出行问题。加之近年来长三角地区交通环境的持续优化,极大增强了各类要素资源在江浙沪地区之间的流动。因此,便捷的交通也日益成为推动数字创意企业在杭州安家落户的重要条件。

2.公共文化服务水平全国领先

在本次数字创意产业竞争力的营商环境评估中,在文化环境维度下杭州的数字公共文化服务水平分数高达4.41。纵向来看,杭州的数字公共文化服务水平相较于自身其他文化环境指标来讲,当属成绩最好的一项,是其文化环境中的最大优势;横向来看,该项仅略低于深圳的4.5分位列第二,杭州的数字公共文化服务属于全国领先水平。

杭州政府在数字公共文化服务方面持续发力。杭州书房就是近年杭州市重点发展的项目之一,如今已经升级为融图书免费借阅、文化交流、文化

① 吴丹丹,马仁锋,等.杭州文化创意产业集聚特征与时空格局演变[J].经济地理,2018,38(10):127-135.

消费、旅游咨询、“互联网+文旅”体验等多功能于一体的文旅融合综合体。[①]尤其是在“互联网+”的带动下，杭州书房吸引了不少杭州市民与游客参与体验。其中，重点打造的“杭州书房”——网易蜗牛读书馆，正是以“互联网文化”为特色，借助网易的影响力、互联网实力以及政府的大力推广，在互联网与文化的碰撞融合之下，为市民、游客提供各式数字文化服务体验活动。[②]

（二）政务环境：完备的政策体系助力产业发展

在政务环境的评估中，杭州市数字创意产业相关政策出台情况以 4.08 分名列前茅，且杭州的政务环境评分第一，具备优越的产业政务环境。上述成绩的取得得益于杭州市政府为数字创意产业发展提供的全方位政策保障。杭州已构建出完备的数字创意产业政策体系。

在顶层设计维度上，杭州出台了《关于加快发展杭州文化产业的若干意见》，提出充分发挥现代高新技术对文化产业的推动作用，为数字创意产业的发展做出政策上的整体支撑。在具体举措方面，2020 年 6 月，杭州市政府发布《杭州市强化数字赋能推进“六新”发展行动方案》，从内容上对数字创意产业提出新期许，指出要加快培育“宅经济”产品和数字文娱产业，依托新媒介、新媒体大力发展业态。《关于加快建设国际文化创意中心的实施意见》也致力于对创意产业的项目与企业提供扶持帮助。在财政支撑与人才保障层面，杭州市政府提出要加大财政投入，明确指出对优秀和特殊文化人才，要从多方面给予政策倾斜。此外，还有一系列扶持文创人才的政策陆续出台，如《关于加快文化创意产业人才队伍建设的实施意见》、“杭州人才新政 27 条”，为产业发展提供政策保障。

（三）市场环境：极具青年人才吸引力，重视文创人才培养

人才是产业发展最具活力的要素。新兴产业的对口人才紧缺，城市、产

①② 张雅丽，姜雄，厉玮.杭州：深耕文化“软实力” 牢铸发展“硬支撑”[N]杭州日报，2020-09-20(A01).

业对人才的强烈需求,成为影响许多城市数字创意产业发展的关键因素。从前文可知,虽然杭州在人才配置方面并不具备先天优势,但杭州正在有针对性地对人才进行培养与留存,通过丰厚的待遇吸引更多数字创意人才流入杭州。

杭州市政府非常重视文创相关人才的引进、培育与留存。在人才引育方面,重视文化创意专业人才队伍的培养开发,对接高校开展"创意蓝海"文创高层次人才培训;依托浙江大学、浙江传媒学院等高校资源,①通过设置相关课程、提供实训机会等方式,进一步强化数字创意产业与高校人才培育的对接等。此外,在人才提升上,杭州正通过开设培训班、交流会、讲座讲堂等方式持续为数字创意产业从业人员提供专业技能、运营经验、思维拓展等方面的知识传授。

在杭州爱才惜才的政策导向下,2016—2019 年杭州市人才净流入占比分别为 0.8%、1.0%、1.2%、1.4%,始终保持正向增长且逐年攀升。② 这与全国多个亟待解决人才流失问题的城市相比,具有独特优势。有针对性地培养、留存、发展数字创意产业不可或缺的基础文创人才,帮助杭州留住了本地的人才队伍。同时,开发人才计划的实施又为杭州吸引了众多来自全国各地的优秀企业与优秀人才。在人才留存培育与吸引外地人才机制的共同作用下,杭州的数字创意产业发展不断涌现出新的活力。值得一提的是,杭州还积极举办一系列活动,比如之江国际青年艺术周等,致力于将杭州打造成数字创意产业发展的高地,不断吸引青年人才来杭发展。

(四)法律环境:知识产权水平快速提升

数字创意产业是以内容创意为内核的产业形态,知识产权贯穿其权责规定、交易保障、利益协调等环节,并在其中起着不可或缺的作用。在本次

① 余杭:全域开拓数字创意产业新版图[N].杭州日报,2019-04-26(A03).

② 熊柴,任泽平.中国城市人才吸引力报告:2020[EB/OL].(2020-08-17)[2021-11-22].https://www.thepaper.cn/newsDetail_forward_8763535.

竞争力评估中,杭州的两项知识产权相关得分都在4分以上,处于靠前位置,虽不至于领先其他城市许多,但杭州的知识产权保护能力已有快速提升。杭州的知识产权保护力度虽然不尽完美,但已呈现出向前发展的态势,值得肯定。

近年来,杭州的知识产权工作取得很大进步。据统计,2019年杭州市的专利申请量为113,562件,专利授权量为61,568件,比上年分别增长15.42%、11.17%;其中发明专利申请量为43,356件,比上年增长18.66%;有效发明专利拥有量为58,559件,居全国省会城市首位。2020年4月,杭州市市场监督管理局(知识产权局)还发布了《2019年杭州市知识产权保护状况》白皮书,①可见杭州市对知识产权保护的重视已逐渐提上日程。

此外,杭州还发布了知识产权运营公共服务平台,通过政务服务、数据查询、知识产权服务、综合保护、区域知识产权分析、价值评估、运营大厅、培训学院八大功能板块,②多方面覆盖知识产权所需的相关服务,大大提升了知识产权的审批效率。

二、存在问题

国务院2014年印发的《关于推进文化创意和设计服务与相关产业融合发展的若干意见》中明确提出,对经认定为高新技术企业的文化创意和设计服务企业,减按15%的税率征收企业所得税。杭州市近年来积极响应中央的相关税收政策,在数字创意产业领域出台了系列税收优惠调整方案,但在实施的过程中却不尽如人意,其税收优惠力度与惠及程度都有待提升。在数字动漫领域,《关于动漫产业增值税和营业税政策的通知》提出,自2013年1月1日至2017年12月31日,对属于增值税一般纳税人的动漫企业销

①② 央广网.《2019年杭州市知识产权保护状况》白皮书在杭发布[EB/OL].(2020-04-20)[2020-11-22].https://baijiahao.baidu.com/s? id=1664485418414394947&wfr=spider&for=pc.

售其自主开发生产的动漫软件,按17%的税率征收增值税后,对其增值税实际税负超过3%的部分,实行即征即退政策。此后,财政部、国家税务总局提出在2018年5月1日后,税率由17%统一调整为16%,可见国家对动漫产业的扶植、重视程度只增不减。

虽然当前动漫软件出口免征增值税,但实质上当前行业内的动漫企业多为中小企业,该税收优惠政策对该部门中小企业的影响十分有限。此外,衍生品开发是动漫产业的主要营收,但该项税收优惠政策对这一产业链的衍生领域带来的实质优惠甚少。因此,今后杭州在发展数字创意产业的过程中如何制定和实施惠及范围更广的数字创意产业税收优惠政策,进一步缓解企业经营压力、优化营商环境,是一个不得不重视的问题。

三、发展建议

(一)加大对知识产权的重视程度

数字创意产业作为知识密集型产业,本质上是内容产业,知识产权制度在其中的影响至关重要。①

第一,应从立法层面出发,通过不断完善知识产权立法,明晰相关权责问题,为知识产权保护提供坚实的法律基础。尤其是在知识产权地方性法规的出台上,可以借鉴北京市的《北京市促进知识产权服务业发展行动计划(2018年—2020年)》《北京市重点产业知识产权运营基金管理办法》《北京市专利保护和促进条例》等,结合时代背景对相关地方性法规做进一步更新。

第二,杭州市政府要加强对知识产权法律法规的宣传,让数字创意产业领域的市场经营主体充分了解知识产权管理条例,在确保各市场主体勇于以法律武器捍卫自身权利的同时,也保证各市场主体自觉遵守知识产权法律条例,绝不侵犯他人的合法权益。同时,杭州市政府应继续深化已开启的

① 熊晓云.政府在自主创新中的地位和作用[J].科技管理研究,2005(4):2-3.

知识产权区域试点建设工作,鼓励申请具备核心竞争力的专利性产品。

第三,中小微企业作为力量较为薄弱的市场主体,维权成本较高,成为主要的被侵权受害者。因此,杭州市政府应当通过财政补贴、建构公共平台等方式,为中小微企业提供优质产权服务,并鼓励机构给予中小微企业优惠价格,以确保其合法权益。

(二)实施惠及范围更广的税收政策

随着数字创意产业国家战略地位的日益提升,政府对数字创意产业的财政补贴、税收优惠力度也正不断加强。税收政策作为营商环境中至关重要的一环,在吸引企业安家落户、缓解企业经营压力等方面扮演着重要角色。杭州数字创意产业的税收优惠更多针对的是动漫影视产业,而对于该领域内涉及设备生产、技术研发、信息服务等方面的行业,其税收优惠政策还有所欠缺。

在营商环境的进一步优化中,杭州应尽快制定和落实惠及范围更广的税收政策。在数字创意产业领域,要落实营业税改增值税的结构性减税改革,扩大纳入改革的数字创意各领域企业的数量,让分散在数字创意产业链各个生产环节的企业都能充分享有税收优惠。同时,要积极定期完成对各市场经营主体的税负分析,例如通过"营改增"调节数字创意产业的税收结构,通过避免重复征税来惠及更多数字创意产业经营主体,从而进一步优化杭州数字创意产业的营商环境。

第三节　微观层面:企业效益

本次评估结果显示,杭州的企业效益综合排名第三,在得分上紧紧跟随北京、深圳的步伐。其中,经济效益排名第三,与位列第一的深圳及第二的北京相比,在得分上还有较大差距。因此,杭州很难与北京、深圳的经济效益水平站在同一梯队,反而与其后的广州、上海甚至南京比较相近。可见,在微观层面上，杭州数字创意企业带来的经济效益并不具备发展优势。杭州的社会效益得分同样位列第三，但其并没有被位列前两名的北京和上海甩开太远，同时也没有与第四名的深圳拉开优势。总体来看，其社会效益处于中等位置。

一、主要成效

（一）阿里巴巴作为龙头企业的带动效应显著

杭州数字创意产业的发展离不开头部企业的带动效应。阿里巴巴作为在国内外都拥有巨大影响力的互联网公司，其产业布局覆盖电子商务、移动支付、文化教育、生活服务、数字娱乐、软件研发、设备生产等多个领域，以电商业务作为起点，构建了一个覆盖所有消费场景的数字经济体。随着阿里巴巴这一行业巨头产业规模的持续扩大、业务范围的不断拓宽，其对杭州数字创意产业的发展也起到了重要的带动作用。阿里巴巴对杭州数字创意产业的带动效应大致体现在以下几个具体方面。

一是凭借雄厚的资本，大力投资数字创意企业，优化杭州数字创意产业整体布局。2016 年阿里开始进入数字创意产业领域，成立“大文娱板块”，构建了包括阿里影业、阿里游戏、阿里数字娱乐等多位一体的战略布局。阿里正通过大力度、快速度、全产业的企业行为进行数字娱乐布局。其始终侧重对影视行业的关注，如投资阿里影业、哔哩哔哩等，收购优酷土豆、入股华数传媒等，以参股、控股的形式扶持杭州多家数字创意企业运营，不断加强和巩固自身在数字创意领域的实力和地位。此外，阿里巴巴还与中国广电、中信集团形成战略同盟，加速推动“全国一网”融合的实现。在网游方面，阿里也在逐渐发力，其游戏业务所属的互动娱乐事业部“灵犀互娱”升级为独立事业群，与阿里大文娱平行。资本雄厚、人才丰富的阿里深入数字创意产业领域，正引领杭州数字创意产业步入崭新的发展阶段。

二是依托科技优势，为杭州数字创意产业提供技术支持。成立于 2002

年的云栖小镇，在与阿里巴巴的战略合作中形成了汇聚富士康科技、英特尔、中航工业、数梦工场等几百家优质企业、以高新数字技术为核心的产业园区，持续从技术创新、产品研发等方面引领杭州数字创意产业的发展。此外，阿里巴巴旗下创建于2009年的阿里云计算公司近年来持续深耕大数据领域，通过自主研发的AliSQL、飞天系统、ET人工智能系统等新兴科技，为杭州数字创意产业的发展提供了软件支撑。在阿里云栖大会上，阿里也提出开发面向云游戏的基础设施、系统软件技术与应用场景技术等，进一步深耕科技领域。

三是协调多方资源，为杭州数字创意产业提供孵化平台。阿里从基础服务、孵化赛道、创服活动三个层面为创业者提供人才、资源、硬件、交流、培训等维度的助力。阿里始终承担起协调产业资源、助推产业集群化合作共赢的社会责任，如通过商业操作系统将数字化经验分享给品牌合作伙伴，利用大数据帮助商家实现数字化等。这一理念在数字创意产业中也得到展现，在2020年9月举行的阿里云栖大会上，阿里巴巴打造的云游戏平台PaaS1.0就是面向游戏开发者、发行渠道、游戏引擎、终端、运营商等合作伙伴推出的“平台即服务”平台，意在为数字创意行业伙伴之间搭建桥梁，为产业提供孵化平台，促进上下游的资源整合。

（二）特色企业实力强劲，中小企业发展迅速

除了阿里巴巴这样的数字创意产业领域巨头企业，杭州还培育了包括华数传媒、华策影视、宋城演艺、顺网科技等在内的一批优质特色数字创意企业。此类企业分布于数字创意产业生产链的各个环节，并均已进入发展成熟期，在营收稳定的情况下同时具备较强的投融资能力，在国内外市场也拥有一定的品牌影响力。自2014年“大众创业、万众创新”提出后，杭州在政策环境、产业基础等方面的优势助力大量数字创意产业领域中的中小企业如雨后春笋般涌现。其中，杭州实施的“雏鹰计划”企业培育工程，提供了创业帮扶、企业问题诊查、咨询等服务，组织开展了技术、金融、知识产权等

多方面培训以扶植初创型科技企业,[①]为中小企业发展保驾护航。如今,杭州已有大量中小企业在新三板上市,为杭州数字创意产业的发展提供重要支撑。

(三)企业社会影响力较大

在社会效益指标评估中,杭州在三级指标数字创意企业社会影响力方面得到了4.20的高分,仅低于北京的4.21分,可见杭州数字创意企业在社会效益方面表现颇佳。

社会公益慈善事业是体现企业社会影响力的重要指标。阿里巴巴成立的"阿里巴巴公益基金会"于2011年通过民政部批准,将年收入的0.3%作为公益基金,这是我国首家互联网企业环境保护基金,使其公益事业更加规模化、规范化。此外,阿里还增设了许多电商扶贫助农项目,帮助农户增收。这些公益举动体现了企业的社会责任,加上电商赋予了其广为人知的特性,大大提升了企业在人们心目中的形象与好感,使得杭州数字创意企业美誉度较高,品牌效益良好。

此外,阿里极具社会责任感与价值使命感。阿里巴巴一直积极投身于对中小企业的发展扶植,动用自身作为头部企业的优势,做中小企业沟通平台的搭建者、用户与技术等资源的共享者,并不断通过完善自身的电商系统帮助全球中小企业和创业者生存发展,使其在业内也深受欢迎。

二、存在问题

(一)企业盈利能力较弱,经济效益低

本次研究的统计数据显示,杭州共有67家数字创意企业,其资产总额达到9,558.48亿元,领先于北京和深圳,排名第一。但杭州数字创意企业的年度总营收只有1,517.38亿元,与北京的3,338.71亿元及深圳的4,554.57亿

① 图解《关于推进杭州市"雏鹰计划"企业培育工程的实施意见》[J].杭州科技,2019(4):31-32.

元相差甚远。这体现出杭州数字创意企业的投入产出能力较弱、盈利能力不高、经济效益低下，虽然经济效益整体排名第三，但与前两名的得分相比差距很大。

通过分析杭州的产业布局与发展状况，可以看出其经济效益落后于北京和深圳的原因。虽然杭州数字创意产业的资产总额排名靠前，而这主要得益于阿里巴巴作为综合型头部企业的带动引领作用，孵化了一系列中小型企业，并为其提供资金、培训与平台等发展要素，壮大了整个城市的产业发展规模，但这其中更多的是服务型企业，因此在营收环节落后于硬件装备突出的深圳和数字创意企业基础强大、业态成熟的北京。杭州的数字创意企业多处于起步阶段，连行业巨头阿里巴巴在数字创意产业领域中也处于前期投资、拓展用户、推出业务、构造产业布局时期，尚未进入成熟盈利期。

以阿里为例，其业务虽然十分复杂，但盈利的核心领域只有电商。2019财年，阿里电商业务收入超过公司总收入的八成以上，而像新零售、云计算、本地服务和大文娱等业务仍处于持续投入阶段，所以利润与营收偏低。[①] 虽然阿里的云计算是增长最快的业务，但目前尚未实现盈利，依然处于获取市场份额的阶段，短期内实现盈利的可能性也较小。

（二）中小企业经营活力有待提升

中小企业作为市场经济中最基础、最庞大的构成主体，对于确保国民经济稳步增长、经济结构持续优化有着重要作用。当前杭州市数字创意产业领域的大型企业都形成了较为良好的发展态势，但该领域的中小企业在经营收入、资金吸纳、成果产出等方面相对北上深等城市还存在一定差距。尤其是在融资方面，股权融资对中小企业来说不太现实，债权融资又受制于发行规模，中小企业较难获得投资者的青睐。由于具有一定的非正式性，民间集资作为中小企业最重要的资金筹措方式，一般又被慎重采用。因此，如何

---

① 格隆汇.2020“下注中国”十大核心资产：阿里巴巴[EB/OL].(2019-01-22)[2020-11-22].http://www.sohu.com/a/290772140_313170.

优化中小企业生存发展环境,进一步激发中小企业活力,尤其是助力中小企业走出资金筹措的困境,是杭州数字创意产业发展中亟待解决的问题。

三、发展建议

(一)拉动文化消费,赋能实体经济

面对企业经济效益低下的现状,杭州可以从运营模式和产业结构两个方面来着手解决问题,扩大优势,补足短板,提升相关企业的营收能力和业务水平。

在运营模式方面,杭州数字创意产业的发展重点在于深耕内容领域。数字动漫、数字影视、数字游戏等业态发展成熟,用户范围广,影响力较强,可以借此优势,不断增强用户黏性,扩大消费群体的规模,借助优质内容影响力优势,拉动文化消费。比如阿里的业务内容范围覆盖广泛,但用户重合度还有一定提升空间。如果可以将业务的原有用户,运用各种社交玩法,比如直播带货等,将电商用户向本地服务、大文娱服务转化,推动业务之间的导流与协同,进而提高用户黏性与购买力,使电商焕发新活力,更能拉动经济效益的增长。

在产业结构方面,杭州数字创意企业多数侧重内容服务领域,而实体经济的重要支撑行业,如硬件设备制造等领域则相对不足。从本次统计的67家企业可以看出,技术硬件与设备制造企业仅有6家。因此,杭州应着力优化产业结构,注重实体经济的发展,通过加大科技研发投入,积极布局硬件设备、装备制造等领域,补足实体经济短板;着力推动数字技术成果带动实体经济发展,与其他实体业态不断融合,提升经济效益与盈利能力。

(二)全方位完善中小企业孵化体系

近年来,杭州数字创意产业领域涌现出了大批中小企业。而针对部分中小企业活力不足的问题,除了优化营商环境,更有赖于完善孵化体系。政府有关部门需积极部署各类孵化计划,发挥头部企业的辐射与带动作用,以

获得更优质的发展资源。同时中小企业强化交流合作,或以联盟形态推进互利共赢。

第一,要推进数字创意产业众创空间建设,为中小企业经营提供适当的空间场所、便利的设备服务,以开放多元、协同互助的公共平台带动中小企业成长。杭州可以吸收借鉴北京经验,通过改造老旧厂房来拓展众创空间建设用地,例如在北京永安机械厂旧址建立的中关村互联网文化创意产业园。

第二,要强化中小企业的人才支撑,通过开设培训班、交流会、讲座讲堂等方式为相关从业人员提供专业技能、运营经验、思维拓展等方面的孵化帮助。此外,在海外人才引进方面,可以借鉴"上海文创 50 条"中提出的相关措施,为外籍高层次人才的落户与就业予以优待。

第三,要以文创金融专业化服务机构助力中小企业走出资金困境,完善中小企业信贷风险共担机制,并积极引导过剩的民间资本进入数字创意产业领域,为中小数字创意企业提供资金保障。

与此同时,中小企业需明确自身定位,结合自身条件与市场环境,打造核心竞争力,就数字创意产业链上的某一细分领域,如信息服务、设备生产、技术研发等不断发力。

杭州在数字创意产业领域发展势头迅猛,产业竞争力综合排名第三。在产业状况维度中,杭州也处于第三名。较强的文化产品开发能力、实力雄厚的数字经济、颇有成效的特色文化领域,都对杭州数字创意产业的发展予以很大加持,但杭州也存在 R&D 经费投入较低的问题,产业结构与产业集群的专业化程度也有待优化。在营商环境层面,杭州位列第二名,极具竞争优势。宜居舒适的城市环境、高水平的公共文化服务、完备的政策服务体系、备受重视的知识产权领域以及颇具青年人才吸引力的市场环境,都为杭州营商环境的提升创造了条件。但也要看到,杭州的税收优惠力度与普及程度尚有提升空间。在企业效益层面,杭州排名第三,有许多亮眼之处。首先,阿里巴巴作为龙头企业的带动效应显著。其次,特色企业与中小企业的发展态势表现良好。再次,杭州数字创意企业的社会影响力领跑全国其他城市。与此同时,杭州数字创意企业也存在盈利能力弱、经济效益低的问题。针对杭州市数字创意产业发展现状,政府及相关部门、头部企业与中小型特色企业都需要寻求相应的改善路径,不断提高数字创意产业的发展实力。

第七章　南京数字创意产业发展现状及对策建议

近年来,由于数字算法、新媒体等技术领域的迅速发展,文化产业的内容生产和媒介传播逐渐趋于数字化,其依托数字技术形成了巨大的创造力,并将生成一种常态化的文化机制。现阶段,作为国务院批复确定的中国东部地区重点中心城市,南京在数字创意产业发展层面既具有自身的独特优势,也存在着一定不足。数据显示,在北京、上海、广州、杭州、深圳、南京、成都七大城市的数字创意产业竞争力评估中,南京的综合指标排名第六,仅略高于成都;在一级指标评估中,产业状况、营商环境、企业效益的排名分别为第七、第四、第五。综合来看,南京市数字创意产业的发展在全国范围内具有较强优势,但较之于北京、深圳、杭州等核心城市仍有较大差距,存在产业基础薄弱、发展动力不足、企业效益低下等问题。因此,本章主要分析如何使南京数字创意产业打破发展壁垒,立足于城市独特的优势,找到可持续发展的路径。

近些年南京数字创意产业发展成果显著,南京市统计局 2019 年发布的相关统计数据显示:2018 年,南京市文化及相关产业增加值为 815.42 亿元,占地区 GDP 比重 4.48%,与全国其他城市相比,处于较高水平;新兴文化产业在整体文化产业中的比重不断增加,并依托数字、互联网和通信等现代科技,促进南京数字经济与文化产业融合发展,城市文化新业态成果突出,产业结构日趋完善,文化影响力不断扩大。

南京市政府将数字创意产业置于文化产业发展的重点,这也是其发展相关产业的最大优势所在。2013 年,南京被评为国家文化和科技融合示范基地,文化和科技融合是南京未来文化及相关产业发展的大势所趋。2019年8月,南京市科学技术局、市委宣传部、财政局、文化和旅游局等部门印发了《关于促进南京文化和科技深度融合的实施方案》,2019年10月25日,中国(南京)文化和科技融合成果展览交易会正式落地。从理论到实践,南京市集中打造利于文化企业发展的营商环境,将文化和科技融合的战略置于发展的优先级。

第一节 宏观层面:产业状况

从城市数字创意产业竞争力比较中得出,南京在产业状况层面整体上不具备优势,产业规模和产业创新两个二级指标的得分在七城市中均垫底。产业状况是衡量城市或地区相关产业基础的重要指标,反映出一个地区的综合发展水平和可持续发展能力。从整体来看,南京数字创意产业基础较弱且问题矛盾突出,在与北京、深圳、杭州等相关产业成熟度较高的城市的比较中处于劣势地位。但近年来,依托产业政策条件和历史文化环境等有利因素,南京数字创意产业发展也取得了一定的成果。

一、主要成效

(一)政策加持,扩大产业规模

近年来,南京市数字创意产业规模呈现出不断扩大的态势。2018年,南京市文化及相关产业增加值为815.42亿元,占地区GDP比重4.48%;数字创意企业有38家,数字创意产业从业人员数量达95,208人。① 南京数字创意产业不仅发展规模快速扩张,还实现了规模化发展与效益提升并举,在高速发展的同时提高产业营收。2019年一季度南京统计监测数据显示,全市

① 2018年南京市文化及相关产业发展情况报告[R/OL].(2020-05-31)[2021-10-22].http://tjj.nanjing.gov.cn/tjxx/202005/t20200521_1882544.html.

1,520家规模以上文化企业实现营业收入657.92亿元,同比增长12.9%。其中文化核心领域营业收入429.83亿元。全市文化新业态实现高速发展,文化产业区域发展实现多点开花。全市规模以上文化企业收入达百亿元行政板块有2个,分别为鼓楼区和栖霞区。①

（二）产学研融合,助推产业升级

数字创意产业对科技发展具有很强的依赖性,科学技术的创新发展有助于产业结构的优化。南京数字创意产业的发展不仅在量级上明显增长,其产业结构也在不断优化,产业创新能力不断提高,主要表现为产学研的融合发展。南京市自古以来崇文重教,是国家重要的科教中心。2018年4月,江苏省委宣传部、教育厅、文化厅在南京举办了“中国·南京文化产业产学研深度融合发展峰会”。产学研的深度融合有利于文化创意产业的裂变式发展,依托教育资源为数字创意领域输入高质量人才,提升市场活力和创造力。同时,以南京艺术学院为代表的产学研发展试验基地,近几年积极承担了国家级和省级的多个文化项目,例如参与设计南京大屠杀死难者公祭鼎、亚投行官方徽标、诺贝尔奖科学与艺术小镇等。

南京市尤为注重科研高新技术产业对文化及相关产业的带动作用,创新投入产出指标不断攀升。首先,高校和科研机构数量不断增长。南京拥有世界知名高校和科研机构,集聚多样化、高层次的科研创意人才,通过科研和教育为文化产业和数字创意产业的持续发展提供新的动力源。其次,研究与试验发展经费投入量持续攀升。2019年南京市R&D经费为465.16亿元,比2018年增长48.58亿元。②

（三）突破传统模式,赋能产业创新

近年来,南京市为发展数字创意产业,大力推动文化产业与科技、旅游、

① 南京市统计局.一季度南京文化产业发展水平“高”[EB/OL].(2019-05-17)[2021-11-22].http://tjj.nanjing.gov.cn/tjxx/201905/t20190517_1540124.html.

② 南京人民政府.2019年南京市全社会研发经费是多少[EB/OL].(2020-09-30)[2021-11-22].http://www.nanjing.gov.cn/hdjl/hygq/202009/t20200930_2424288.html.

会展、图书出版等传统行业的融合，促进产业集约化发展。南京途牛旅游网和高淳陶瓷文化创意产业园两家企业入选首批南京市重点文化科技企业，同时还有其他18家企业上榜。在推动传统与新兴技术融合发展的路上，南京市正在迈出积极稳健的步伐。

在传统产业数字创意化升级进程中，图书会展行业取得了令人瞩目的发展成果。南京从优势的科教事业出发，于2019年3月28日至31日举办了2019南京书展暨春季馆藏图书全国展销会，以“悦读新时代”为主题，活动参与者超10万人，比上一年增长43%，强势带动了居民文化消费。此次书展的最大优势在于打破传统的“大卖场式”展览方式，设置有时代主题、网文互动、古籍传承等七大专题区，体验性、丰富性、专业性都得到进一步提升。尤其是新创设的现代出版技术与体验区，将图书出版与生活、影视、教育等行业企业集聚，不仅为读者提供了优质全面的文化生活服务，更奉上了一场产业交流的盛会。各种先进技术，例如图文创作分享、互联网定制的产业链服务等，极大地丰富了公众体验。文化和科技的融合使得出版行业焕发出新的生机活力，促进传统产业消费升级。

二、存在问题

（一）文化思维禁锢，创新意识薄弱

文化创意和数字技术是文化产业转型升级的两个重要驱动力，时下的文化创意有赖于数字技术的发展和应用，不断创新表现形式。南京是我国的历史文化名城，有着7,000多年的文化发展史，历史文化属性较强，这既是南京文化产业发展的有利条件，也在一定程度上制约了其创新能力的提升。从生活方式上来看，南京地理环境适宜，居民生活较为安逸，加之历史文化因素的影响，人们习惯于固守传统的生活方式，制约着产业更新。在未来数字创意产业的发展过程中，南京市政府部门、产业领导者、产业从业者等相关主体若不更新发展理念、不改变传统发展方式，便难以在数字创意产业领

域实现突破性进展。尽管近年来为落实国家数字创意产业相关政策，南京市政府积极制定颁布了促进相关产业发展的政策，建立数字创意产业项目、举办数字创意产业活动，但与北京、上海、深圳等城市相比，南京数字创意产业的基础较为薄弱，发展理念较为落后，相关产业链和系统化程度不够完善，数字创意产业链条部分脱节，产业集约化程度低。

数字创意产业是文化与科技融合促成的新兴业态，有赖于一定的科技和经济基础。我国正经历产业转型和消费升级，处于社会文明发展的新阶段。在新一轮技术革命的驱动下，人们的生活和消费方式正在随之发生变化，消费水平不断升级，消费结构由物质型转向精神文化型，消费能力的提升在根本上来源于社会内部，因此，产业发展应该通过社会需求带动生产，避免出现由自上而下的硬性文化补给造成的空壳化、概念化等弊病，以此保证文化产业及数字创意产业的有序发展和良性循环，更好地满足企业用户需求和社会文化事业所需等。

（二）功能区扁平，协同发展能力弱

进入互联网时代，传统的文化产业势必会面临重要的挑战，从创意内容的生产到传播渠道的建立，其机制和介质都发生了革命性变化。科技的力量必须深度渗透文化产业，这样才能从根本上促进社会创意力的提升，使数字创意产业得以稳固根基。因此，“文化+科技”的内容生产范式是未来文化产业发展的必然趋势，而科技与文化二者之间的关系必然是文化为主、科技助力，规避文化空洞。南京在发展数字创意产业的过程中，其技术发展与文化产业协同的深度不够，科技与文化模块化发展，彼此之间的融合度较低。早在 2016 年，南京市政府便出台了《南京市创意文化产业空间布局和功能区发展规划》《关于促进文化创意和设计服务与相关产业融合发展的实施意见》等相关文件，并规划打造 12 个大型文化创意产业功能区，包括秦淮老城南历史文化传承创新功能区、数字出版传媒产业功能区、环南艺创意文化产业功能区、建邺河西影音游戏广告功能区、长江路文化休闲体验功能区、滨江演艺会展体育融合功能区等。该类产业功能区中包括了文化体验功能区、文化休闲功能区、主题公园休闲区等与数字技术相关度不高的文化园区。以紫金山—玄武湖文化休闲功能区为例,产业目标是将其打造为旅游发展示范区,提升南京的整体城市形象,增强文化名城标签的影响力。从该功能区的本身特点出发,自然风景和历史文化景观是其最大的资源优势,拥有中山陵、明孝陵、玄武湖等国家重点旅游景点,优美宜人的自然环境与深厚的历史文化底蕴并存。合理规划、生态控制、协调发展等是该功能区的发展原则,但以生态为首位的产业发展理念与当下产业化、数字化、创意化的发展趋势相悖。以数字创意的产业外壳始终不能合理容纳传统的文化旅游产业,导致科技与文化之间不能协同,这成为制约南京数字创意产业进一步深化发展的巨大阻力。

(三)经济首位度低,创新动力不足

南京市文化产业过度依赖传统文化及政策的宏观扶持,而数字创意产业的发展需要强科技、强经济的基础设施支撑,经济与文化发展失衡是南京市发展数字创意产业面临的最大矛盾之一。2018 年南京市经济首位度,在全国 26 个省会城市中排名倒数第二。2018 年年末的十九届中央第一轮巡视整改中,南京被点名“省会城市功能作用发挥不够”①。

经济首位度低下成为制约南京数字创意产业发展的瓶颈。首先,这将直接造成产业内部创新动力不足。疲软且空壳化的经济增长无法培养第三产业核心竞争力,进而影响城市创新、项目建设、对外合作交流等。其次,影响公共文化服务质量提升。南京城市生活成本较高,2019 年南京市全体居民人均可支配收入为 57,630 元,比省内苏州市人均水平低 2,479 元,同时南京的房地产市场价格一直持续增长且波动较大,公共文化服务、公共文化设施相关指标均落后于苏州、无锡等城市,难以发挥其作为省会城市对全省相

① 澎湃.全国省会中经济首位度倒数的南京,竟是人均 GDP 最高的[EB/OL].(2021-10-28)[2021-11-22].http://www.m.thepaper.cn/newsDetail_forward_15119410.

关产业的辐射带动作用。再次,难以构建开放型创意产业格局。2017 年南京市利用外资数额仅为 37 亿美元,垫底于 GDP 排名过万亿的城市,在世界 500 强企业名录中,南京仅有“苏宁易购集团”一家上榜,且其与数字创意产业相关度不高。

三、发展建议

(一)精准定位产业发展,以制度变革激发产业创新

对数字创意产业的城市竞争力综合指标进行量化分析得出,南京市在七城市中排名第六。处于全国数字创意产业发展第一梯队的城市为北京、深圳、杭州;第二梯队城市为上海、广州;南京和成都位于第三梯队。第一梯队城市产业成熟度较高,产业基础完善,整体营商环境可以为产业发展提供强有力的保障,企业经济效益处于较高增长水平,社会效益突出;第二梯队城市相关指标状况表现次之,尽管在某个环节存在一定问题,但产业整体处于良性运行之中;第三梯队城市的自身优势和劣势均较为明显,有一定的发展潜力,同时也存在一些突出的问题。

南京市数字创意产业起步较早。2013 年 4 月,《文化科技融合发展规划》作为全国首例相关产业规划,为南京数字创意产业打下了坚实的技术基础,相关产业发展至今已形成了明显的制度导向型产业模式,政府自上而下的政策引领和把控是南京市数字创意产业发展的典型特征。要想突破产业内部动力不足的问题,关键在于以产业发展为根本,以“制度性变革”促“产业性变革”。

(二)助推“文化+科技”,健全产业体系

数字创意产业的兴盛依托于文化与科技的深度融合发展。研究结果显示,南京市科技创新与文化产业发展耦合效应整体偏低。因此,针对文化与科技发展相互分离这一问题,南京市在未来的发展战略中应以文化为本、以科技为支撑,推动产业体系从独立走向融合。

构建复合产业系统需要调动内部各要素,实现上下互通、内外联动的耦合机制,具体可以从两个方面着手。一是引导科技创新为文化产业赋能。从科技创新中寻找数字创意产业发展的新业态,通过互联网等手段及时掌握受众构成及特征,更新文化创意产品的设计思路,要满足受众群体的多样化需求,就要将文化性、创新性、功能性相结合。二是数字创意产业为技术提供了新的转化空间。文化可以为科技产品注入更多的底蕴和内涵,丰富产品的创意形式,提升受众的消费体验,同时也为技术创新和产品创意培育了新的市场土壤和消费主体。南京地区科技创新与文化产业发展具有相关性,可以尝试构建区域科技创新与文化产业的耦合度模型,利用文化产业的高渗透性与科技创新的动力使二者兼容,从而构建互通的双向发展路径。

第二节　中观层面:营商环境

营商环境反映出一个城市或地区对产业的扶持力度及其提供的服务质量和水平,其主要是面对市场主体从经营准入到退出的全过程,包括文化、政务、市场、法律环境等。根据数据分析可知,南京在营商环境这一指标层级中表现较好,七城市中排名第四,其中南京的文化环境、政务环境、市场环境和法律环境在七城市中分别排在第六、第三、第四、第四。与产业状况相比,南京市的营商环境在七城市中显现微弱优势。

一、主要成效

(一)政务环境:以政策助推新业态发展

南京在政务环境方面表现突出,这主要得益于南京市政府近年来对数字创意产业发展保持高敏锐度和关注度,加强了其在相关产业发展方面的政策实施力度。南京市统计局数据显示,2019 年一季度南京市文化创意相关产业均实现了不同程度的发展。其中,新闻信息服务行业营业额增长

43.6%，内容创作生产行业营业额增幅为15.1%，文化投资运营和创意设计服务行业营业额增长31.9%和10.6%。[①] 南京市数字创意产业取得一定成效，既是其文化产业转型升级的表现，更是南京政府多重政策红利叠加推动的结果。

南京市一直重视科教文化事业的发展，跟随市场及国家宏观方向不断调整产业政策、加强市场体系建设、创新市场经营机制、培育新型文化业态，有力推动了文化产业高速发展。近些年，南京市政府相继出台了《南京市创意文化产业空间布局和功能区发展规划（2016—2020）》《南京市推进文化创意和设计服务与相关产业融合发展行动计划（2015—2017年）》《关于促进文化创意和设计服务与相关产业融合发展的实施意见》等文件，并且大力构建文旅健康的“4+4+1”主导产业体系。2019年，南京市正式组建市文化和旅游局，进一步深化文化体制改革，充分利用当地文化旅游资源优势为当下南京的数字创意产业发展提供更多契机，加快资源要素的整合，促进数字创意产业集约化发展。

（二）文化环境：以公共文化服务打造宜居城市

发展数字创意产业的终极目的是满足民众的文化需求，提升公共文化服务水平尤为重要。南京市在公共文化服务方面积极发挥数字创意产业的优势，力求使文化科技融入市民的日常生活。

2019年1月，南京市举办了第33届中国·秦淮灯会暨2019南京·西安“双城灯会”活动。期间，以“乡音金陵”曲艺类项目保护成果展演、“时光回味”专场展演为代表的近70场次文化活动相继展开，市民和全国各地的游客深深沉浸其中。这次灯会代表了南京历史和现代文化的完美融合，展现出古都深厚的历史底蕴，同时还有非遗手工及表演、特色美食等项目。此次活动将数字技术引入市民的生活，流光溢彩的灯火展示，在丰富市民文化

① 南京市统计局.一季度南京文化产业发展简析[EB/OL].(2019-05-23)[2021-11-22].http://tjj.nanjing.gov.cn/tjxx/201905/t20190523_1546223.html.

生活的同时,实现了传统文化的跨时代传播。除了特定时节的文化活动之外,南京还从文博馆、电影院、剧场等领域着手大力发展其他文化事业。首先,政府为公众发放文化补贴,促进电影市场的发展;其次,加大市博物馆开放力度,提高接待游客人次,实现营业增长;再次,提高旅游景点开放率,面向游客提供高质量的旅游服务。南京市不断拓宽文化事业领域,让民众享受文化发展的成果,通过文化服务全面提升城市宜居度。

(三)市场环境:人才加金融创新策源能力

市场环境指标主要包括数字创意企业市场融资渠道、人才培养机制完备程度、人才引进力度和高端人才留存能力。总的来看,其主要体现为两方面内容,即人才培养与供给和文化金融保障。

第一,健全人才培育机制。南京市大力支持新型研发机构,提升产业创新活力,坚持产业发展质效合一,逐渐成为科创平台新标识。首先,坚持基础研究与应用研究相结合,全面打造综合型人才引进和人才培养机制,将人才培育链条从学科性质引向产业实践,使其成为数字创意产业创新发展的新引擎。以科研为导向的“硬核型创新”能力提升需要政府相关资金的支持,2019 年南京 R&D 经费支出占 GDP 比重达 3.28%,居全省首位;[①]PCT 专利申请达 1,400 件,同比增长 89%。[②] 其次,建设大型科创平台,为科创人才交流对话构建理想空间,以强化人才集聚和“链式”效应,使数字创意产业人才培育环节步入良性发展轨道。再次,吸引海外归国创业人才和国内精英,采取各种特殊优惠政策,提升人才资源留存能力。2019 年上半年,南京市新增就业参保大学生 19.11 万人,比上一年同期增加 2.49 万人,增幅 15%,总量创同期新高。就业的硕博人数增长势头尤为强劲,较去年同期增长 3,133

① 朱殿平.南京 2019 年 GDP 达 14050 亿 多项指标全省居首[EB/OL].(2020-01-09)[2020-11-22].http://js.people.com.cn/n2/2020/0109/c360301-33702331.html.

② 刘亢,凌军辉,沈汝发.彰显“新金绿”矢志“双胜利”:“南京速度”背后的发展逻辑[N].新华每日电讯,2020-05-07(1).

人,增幅达61.55%。①

第二,完善金融市场环境。2018年,南京启动"梧桐计划",为数字创意产业发展积极构筑金融市场平台体系。南京联合陕西、北京、天津等省市文化金融中心成立全国文化金融中心联盟,力求构建全国文化金融服务平台联动组织,促进协同创新与跨界融合。南京市政府还积极推行资金支持和税收优惠,为数字创意企业减负。2019年上半年,南京市科技领域财政支出占一般公共预算支出比重达4.87%,同时为企业办理研发费用加计扣除总额达231.28亿元,在人才和金融两个领域充分为数字创意企业营造良好的市场环境。

(四)法律环境:维护市场公平竞争秩序

数据显示,南京市政府及市场监管部门等主体的知识产权审批流程、知识产权保护措施、企业维权行为的保障力度得分分别为3.86分、3.98分、4.07分,在七城市中处于中等水平。

南京市在健全法律环境、维护市场秩序方面给予数字创意产业有力保障。近年来,南京市市场监督管理局不断颁布和建立各类知识产权保护项目,以加强数字创意行业内部的知识产权保护力度。例如,2020年7月发布的知识产权维权援助项目,经过企业申报、各区推荐、专家书面评审等环节,确立江苏沁恒股份有限公司、南京长江工业炉科技集团有限公司、南京中竞科智能科技有限公司等9家单位为南京市知识产权保护维权援助项目承担单位,对9家单位的11个案件给予实际维权费用50%、最高50万元的资金补助。2020年8月,江苏省委、省政府办公厅发布《关于强化知识产权保护的实施意见》,进一步推进南京知识产权强市建设。2021年8月,南京市知识产权局结合全市实际情况,制定出台《2021年南京市知识产权执法与保护专项行动方案》,在各项城市建设综合指标考核及对各区工作综合绩效考核

① 管鹏飞.南京上半年新增19.11万大学生就业[N].新华日报,2019-07-29(16).

中增加了知识产权保护的权重。南京市以实际举措建立健全内部知识产权管理制度,提升自身的知识产权保护能力,有效地发挥知识产权保护创新的作用,优化营商环境,为南京市数字创意产业的有序发展提供良好的法律制度保障。

当今文化创意产业发展势头强劲,其所产生的巨大经济价值在不断创造社会财富的同时,也面临着市场不规范所导致的各种问题,产业垄断和侵权等失范行为将严重侵扰数字创意产业的市场秩序。因此,文化产业市场的可持续发展离不开法律制度的保障,以互联网技术为依托的数字创意产业尤其如此。为扶持数字创意产业的发展,南京市强化知识产权保护的举措有助于创造公正和谐的法律环境,保障数字创意产业有序健康发展、提升产业规范水平。

二、存在问题

(一)产业内生动力不足

南京市在积极推进数字创意文化产业发展的同时,一定程度上忽视了产业自身发展的主动性。南京数字创意产业的发展很大程度上依赖政府自上而下的推动,产业内生动力不足,导致产业供需的结构性失调。根据《中国文化消费需求景气评价报告 2020》的数据,2018 年江苏人均产值约 17,100 美元,居民人均收入约 5,800 美元。1998—2018 年江苏省文教消费比前 14 年呈上升趋势,后 6 年显著下降,20 年间降低 1.21 个百分点。文化消费长期存在地区差距,受居民生活水平影响较大。这种区域差异及薄弱的产业基础,导致南京市数字创意产业发展内驱力不足,形成了政府主导下的疲软型产业模式。

(二)载体功能弱导致平台服务低效

南京市在打造营商环境方面整体表现较好,但在政策制定实施、载体平台建设、扶持精准度等具体实践层面仍存在问题。一是数字平台载体建设存在短板。例如,创意产业园区空壳化、载体服务不完善、平台功能扁平化等。南京在专业化服务能力、产业细分程度、产业资源集聚等方面与深圳、广州、杭州等城市相比存在较大差距。二是产业扶持不够精准。具体表现在相关产业促进政策内容过于宏观,缺少对企业和市场的深度了解,难以保证扶持政策与产业发展方向和企业实际需求相一致,扶持精准度有待提升。三是平台建设标准化程度低。在互联网媒介时代,网上政务服务平台的建设至关重要,它不仅是政策等相关信息的传播媒介,还是数据共享、政务公开、沟通交流的重要渠道。在此方面,南京为数字创意产业发展构筑的信息环境尚待完善。

三、发展建议

(一)创造文化联动,打造服务型政府

数字创意产业根本上是以文化要素为基础,以数字技术为依托的创造性产业。因此,政府作为产业方向的掌舵人,应以文化为核心、以技术为手段,连接起社会全要素,同时应在落实产业发展的过程中扮演好服务者的角色,打通产业各环节,打造政策精准、项目落地、平台完善、企业发展和文化惠民的全方位数字创意系统。

鉴于南京市数字创意产业的发展状况,具体可以从以下路径进行探索。一是面向市场环节的产业服务,其核心是优化政府职能。南京市数字创意产业发展中面临着角色不就位、服务不专业、政策不落地、产业链条不完善等系统问题,这些问题的关键是缺少产业融合服务平台,需要在信息资讯、企业资源、公共技术、创意设计、金融服务等不同模块之间构建系统,政府应依托线上线下渠道给予行业全方位的综合辅助,凸显服务型政府功能。二是针对社会公众的文化需求,紧紧把握市场环境,调节文化供需平衡,建立新型公共文化服务体系。利用数字化信息系统、网络平台高效掌握市场文化需求动态,提升文化资源供给效率,强化公共文化服务体系。三是针对文

化组织的保障服务,鼓励社会各方力量进入现代公共文化服务体系,例如行业协会、非营利社会团体、民营文化团体等组织,为其运行提供方便快捷的保障服务,形成真正意义上独立且充满活力的创意文化主体,激活文化消费活力,实现以文惠民。

(二)构建数字创意场景,书写城市文化精神

城市空间是文化记忆的载体,承担着文化储存和传播的功能。在数字创意时代,人们追求丰富多元的社会生活,渴望深度体验文化娱乐。因此,融合产业发展与文化生活、协调历史文化和现代文化、重塑城市数字创意场景,均是值得探索并实践的路径。南京作为我国重要的历史文化城市,在重构城市空间、打造全新文化生活场景方面,具体应从以下几方面出发。

第一,推动历史场景与当代场景相结合。在文化美、历史美、民俗美的基础上,积极强化空间的功能美,以南京古城中的灯会、庙会、云锦等传统文化为基底,打造历史与当代元素多元包容的典范。例如,南京明城墙沉浸式历史舞台剧《统一天下》,通过实景演出的形式再现了历史场景。在整个演出过程中,剧中人物在裸眼 3D 秀的背景前走过,移动演出装置保证了观众沉浸的观感,利用当代数字技术将观众带入明代历史空间。同时,演出还利用纱幕投影技术,以动漫形式展现历史人物朱元璋的人生历程。历史文化以极具创意的形式传播给当代受众,沉浸式实景演出将历史文化元素生动地转化为当代视觉艺术。

第二,促进文化景观与生活场景交融。以民众的文化需求为导向,以民生优先发展为理念,尤其是在南京城乡文化需求不均衡的情况下,构建文化与生活融合的场景有利于增强民众的文化体验,在当代公共生活领域中帮助社会个体建立文化身份认同。以南京秦淮区老门东历史街区为例,该文化街区有夫子庙等众多秦淮风光景点,不仅是南京传统民居聚集地,而且是文化云集之地。可以借助数字技术,按照传统样式再现老城原貌,将各类文化场景导入居民生活场景。

第三,打通商业景观与文化景观。近些年,商业街区与文化街区混合发展的模式较多,而当前主要欠缺的是基于数字创意产业视角的系统开发和打造。例如,夫子庙西石坝街商业区、新街口商业区、熙南里文化街区、颐和路历史文化街区等,只注重商业和文化之间的嫁接,在开发过程中没有对数字技术进行合理选择及应用,造成技术无法落地、产业发展滞缓。近年来,南京市发展较好的商业区是1912商业街区,该文化商业区是以民国文化为特点、以充满民国风情的商业建筑群为空间基础,由江苏一德集团规划开发。该企业在信息咨询服务、技术服务、计算机与系统软件的研发方面具有很强的优势,产业发展视角能够紧跟数字创意产业发展趋势,使文化场景与生活场景互通,令历史场景与当代场景共融,传统文化凭借数字创意技术手段迸发出强劲势能。

第三节　微观层面:企业效益

企业是产业链条中的核心单元,活化市场主体是促进数字创意产业发展的关键。对七城市的企业效益进行横向对比可以看到,南京在这一指标排名中位居第五,远远落后于排名前三的深圳、北京和杭州;其中,南京的社会效益指标排名第七。整体而言,南京数字创意产业的企业盈利能力较好,但数字创意产业带来的社会影响力以及企业文化形象与其他城市相比存在一定差距。

一、主要成效

(一)企业经济效益持续增长

尽管在七城市的横向对比中,南京企业经济效益指标仅排名第五,与三甲城市——深圳、北京、杭州差距较大,但纵观近些年南京数字创意企业的发展,其经济成效显著,成为南京文化市场繁荣的重要因素。南京市统计局

2019 年上半年统计监测数据显示，全市 1, 531 家规模以上文化企业总体保持平稳增长，发展态势良好，营业收入达 1386.11 亿元，同比增长 8.8%。其中，文化制造业、文化服务业、文化新业态发展均有大幅增长，内容创作生产、创意设计服务、文化传播渠道、文化消费终端生产营业收入的增幅分别为 35.52%、27.77%、21.08%、30.84%。① 研究涉及的南京 A 股上市企业的资产总额为2, 913.34亿元，营业收入总额 2, 808.41 亿元，位居七城市之首；A 股上市企业净利润额高达 155.15 亿元，仅次于杭州的 164.58 亿元，位居第二。可见南京数字创意企业在经营盈利方面具有明显优势。

（二）注重传统文化的创造性转化和创新性发展

作为历史文化名城，南京具有深厚的文化根基，这为传统文化业态创新发展提供了良好基础。南京数字创意产业抓住这一独特优势，进行传统文化业态改造升级、文化传播渠道革新，推动传统文化资源的创造性转化和创新性发展，在全国范围内起到重要的示范带动效果，使传统文化借助数字创意平台焕发新生。比如，在文化和旅游部、商务部、国务院扶贫办等单位的共同发起支持下，阿里巴巴、京东等电商平台于 2020 年 6 月 13 日“文化和自然遗产日”发起了首届“非遗购物节”，南京市近千件非遗产品入驻国家“非遗购物节”电商平台，部分平台为江苏的非物质文化遗产项目开辟专场。“非遗购物节”的举办为传统文化衍生品提供了广阔的受众展示平台。南京云锦研究所有限公司、南京市工艺美术总公司等 29 家公司展示了非物质文化遗产的制作过程，将产品销售与文化传播融为一体，借助以数字创意力为主的互联网媒体平台延伸了文化产业链条，让受众在购物体验的同时，深入参与非遗保护实践，共享非遗文化资源。

① 南京市统计局. 上半年南京文化产业企业营业收入进一步增长[EB/OL].（2019-08-01）[2020-11-22].http://tjj.nanjing.gov.cn/tjxx/201908/t20190801_1614721.html.

二、存在问题

(一)初创型企业发展迟缓

本次研究涉及的南京新三板企业的资产总额为15.14亿元,营业收入总额30.09亿元;新三板企业净利润额仅为1.4亿元,与北京、上海、深圳等产业基础较好的城市相比存在极大差距。以创新型、创业型、成长型的中小企业为主体的新三板上市企业基础薄弱,缺少足够的市场竞争优势。

南京中小数字创意企业发展迟缓的原因主要有两方面。其一,技术型企业业务层级单一。以位于南京市高新区的南京纳加软件股份有限公司为例,其主要经营范围包括计算机软件开发及销售、网络工程施工、计算机系统集成及维护等,在技术领域具有一定的优势,但由于过度依赖核心业务,大大削弱了其发展的活力和持续性,企业的抗风险能力不高。其二,创意型企业触角多元,业务扁平。例如南京米乐星文化发展有限公司,经营范围不仅包括数字化技术相关的游戏开发设计、软件开发及销售、信息化应用、动漫设计等,还涉及活动策划、餐饮管理、市场营销策划等商业活动,甚至延伸至KTV经营、餐饮生产加工和销售等环节。由于科技研发水平弱,该类企业力图在横向上拓展业务范围以维持运营。尽管在业务广度上有所拓展,但长此以往其必将失去发展的核心竞争力,使企业在成长期受阻。概言之,短平快的盈利思维将不利于中小型数字创意企业的可持续发展。

(二)缺少头部企业示范带动

头部数字创意企业技术研发能力强,人才培育机制完善,业务覆盖范围广,对城市数字创意产业的发展起到强大的辐射带动作用。例如北京的百度,杭州的阿里巴巴,深圳的腾讯,这些头部企业对地区产业发展起到了引领示范的作用。七城市数字创意企业资产和营收状况调研数据显示,2018年,北京市头部企业净利润为174.91亿元,数字创意企业总利润额为283.29亿元,头部企业贡献利润率超50%;深圳市头部企业净利润为724.71亿元,数字创意企业总利润额为707.42亿元,头部企业利润额超过所有企业利润总额。尤为值得关注的是腾讯集团,为深圳市数字创意产业的发展树立了鲜明标杆。其业务覆盖综合门户网站、社交网络、通信服务、电子游戏、移动客户端等领域,在纵向产业延伸与横向业务拓展上均产生示范价值。在七城市比较研究中,南京市头部企业数据为零,致使城市数字创意产业整体经济效益受到影响,进而导致产业社会影响力和文化形象两项指标均表现不佳。

(三)社会效益有待提升

企业社会影响力和文化形象直接反映其社会公信力、知名度和美誉度,体现出数字创意产业以技术为核心,以文化要素为基础的发展导向,甚至决定着一个企业的国际形象和地位。在企业效益指标评估中,南京市数字创意产业的企业经济效益和社会效益指标在七城市中分别排名第五和第七,可见在取得了一定经济效益的同时,其企业社会效益仍有待提升。其中,社会效益指标中的企业社会影响力和企业文化形象评估得分分别为3.25和3.47,在七城市中排名垫底。这需要南京数字创意产业进一步聚焦文化价值,以产业带动城市和社区,提高自身的传播推广能力。

三、发展建议

(一)发挥功能区优势,构建集约化生态

2016年,南京市颁布的《南京市创意文化产业空间布局和功能区发展规划》提出"产业集聚、空间集约、功能集中"三项原则,以及"建设创意文化产业功能区"的战略构想,并提出打造12个创意文化产业功能区。但近年来,各功能区发展水平形成了明显差距,因而从各功能区发展的成效和问题中总结经验,更好地促进产业功能区集约化发展势在必行。

发挥数字创意产业功能区的主导作用,可从以下四个方面进行落实。一是市场监测与精准引导。通过对与各功能区发展形态相近的文化产业园

区和服务集聚区的研究，明确自身的发展特点和优势，了解市场运行和受众接受状况，从而有针对性地为平台内部企业提供及时的市场信息，进行精确引导。二是统筹管理与深度服务。在功能区建设阶段，应严格按照《实施意见》所指出的“科学规划空间布局、培育新兴融合业态、完善文化金融服务、构建服务平台体系、引导扩大文化消费、加强人才队伍培养”六个方面的要求，提高资源配置的效率。这是发挥数字创意产业功能区集聚作用的关键，是实现功能区有序发展、高效发展的核心环节。三是效益评估与反馈总结。要为功能区内部企业主体建立交流平台，促进小微文化企业、新型科技企业进行资源和经验共享，实现互通有无的融合发展局面，打造一体化数字创意产业功能区；要及时总结功能区产业发展现状和问题，对企业运行状况实行及时考核和评估，对其经验和举措进行归纳总结。四是强化区域协同联动发展。例如发挥秦淮老城南历史文化传承创新功能区的历史文化优势，充分发掘其中的现实元素，与环南艺创意文化产业功能区等以手工艺品产销为主要业务的功能区进行合作，使文化与产业深度融合。不同功能区之间相互沟通，有利于激发创意理念，并引导全市数字创意产业从同质化竞争向区域协同发展态势转变，进而促进产业集聚。

（二）积极培育头部企业，由引导走向长远扶持

初创型企业、中小微企业成长缓慢及头部企业缺失是南京市数字创意产业发展动力不足的主要原因。数字创意企业是经济效益和社会效益双统一的核心主体，在新一轮科技和产业革命中，产业发展要求多元要素集聚，而头部企业在人才、金融、平台等方面具有极强的资源整合能力，有助于促进要素流动，重塑产业链条，从而带动中小企业和新兴企业共同发展。因此，培育头部企业是南京市推动产业高质量发展、提升产业竞争力的重要抓手。

培育头部企业需要政府、企业以及相关职能部门共同建立长效的分工和协调机制。一是完善数字基础设施建设，筑牢产业发展根基。互联网和

数字技术头部企业为产业领域内的中小企业提供了协同发展的平台，积极引导生命科学、智能装备、网络系统等技术领域与文化产业深度融合，形成新一轮产业集聚，发挥头部企业在产业链各个环节中的创新引领作用。同时，数字基础设施是数字创意企业生产经营的必备硬件，其完备程度决定着一个城市的数字创意产业发展势能。因此，要加快南京市的5G建设进度，打造人机物全面互联的工业互联网，大力发展新型智能化计算设施，推动大型数据中心有序建设使用、小微型数据中心升级改造，积极引入AR、VR和人工智能初创企业，为数字创意产业提供技术支持。二是建立共同体意识，树立国际化视野。在全球化产业布局中，国际领域数字创意产业发展势头迅猛。因此，培育头部企业需要掌握国际动态、树立国际化视野，在确保经济和政治安全的前提下与国外相关产业分工合作、互利共赢，力求在国际竞争中保持相对优势，在全球产业链分工中扮演关键角色。在具体实践过程中，要深入研究海外政策法律和市场规则，动态追踪海外市场商机，向国内相关领域提供政策指引；要与海外相关企业联合建立产业基地、实验项目和人才互通培育机制，并促进产业成果对接落地，全面助力我国数字创意企业的国际化发展。

当前，众多初创型数字创意企业开始在南京集聚，总体营业收入不断增长。例如，以咪咕互动娱乐有限公司为中心的大型手机游戏基地，2015年营业额占领全国手游市场份额超50%，诸如此类的创新型企业结合互联网平台的“数字创意+资本市场”的产业模式取得了良好成效。未来，政府应当为其提供精准服务，在基础设施建设、金融税收支持、人才队伍培养等方面予以系统化扶持，同时帮助企业解决具体的内容许可问题，简化版权登记流程、备案管理等法律和制度相关程序。根据企业的具体业务发展方向，积极搭建平台，培育具有潜力的初创型企业成长为地区数字创意产业发展的领头羊，构建数字化创意产业新高地。

（三）打造创新名城，提升国际影响力

对于数字创意产业而言，具备国际视野有利于吸收先进的经营理念，获得更多的发展机遇,同时为历史文化的传播建立多元渠道,进而提高数字创意企业的文化影响力,强化城市的文化形象和国际社会地位。2019 年,南京市出台相关政策措施,以技术支持创新名城建设。尽管近些年南京市创新名城建设取得了一定成果,但在激发科研机构创新活力、推动产业企业培育库建设、汇聚创新创意人才、落实相关优惠政策等方面仍然存在一定问题。因此,为将南京市打造为国际化创新名城,应制定多层级发展规划,具体可在以下几方面落实。

其一,产业思维理念。一方面,制度激发创新潜能。南京市在创新名城建设过程中,积极探索都市高新区发展方向,盘活老城区内的基础设施,包括高校院所、研发机构、老建筑等闲置资源,优化城市作为数字创意产业发展的高品质载体,强化资源整合力度和创新生态集聚度。另一方面,延伸数字创意产业链。2015 年,南京开始构筑国际化平台,发展领域从国内延伸至国际,规划每年举办世界知名创意城市"南京周",如米兰世博会"南京周"、伦敦设计节"南京周"等。通过搭建诸类国际化新型文化创意交流平台,为文化企业发展谋求广阔机遇,以"大文化"格局重新为南京市历史传统文化赋能,推动南京数字创意产业迈向国际。

其二,产业空间模式。名城建设应着力构建"核心区、创新圈、平台服务圈"的三级圈层体系。"核心区"即高校、研发机构等知识技术创新策源地;"创新圈"即各类国内外众创空间载体,以科技为引领,全面融合社会科技、教育、企业、金融等各领域的资源优势,打破产业间壁垒,实现以数字科技为核心,综合基础设施、人才、金融等全方位要素的全领域资源共享,促进一级核心区创意成果就地转化;"平台服务圈"则重点为管理机构、政府部门等,搭建国内外交流平台,做好地域联动,构建"圈层布局式"创新名城的新空间体系。

其三,产业发展动力。在政府职能方面,政府应将服务重点从宏观决策转向市场培育。例如,强化金融服务中心的职责,广泛容纳入库企业,小利率发放贷款,对城市内部的初创期和成长期文化创意企业提供切实优惠,满足小微企业生长和发展的基本要求。在研发机构创新和人才动力方面,应坚持把新型研发机构作为名城数字创意成果转化的核心载体,以市场为基准导向沟通内部要素,实行多种制度混合,如股份分持等,从而提升企业主体的积极性,正面解决城市发展动力不足的问题。

南京市具有历史性与现代性并存的双重文化属性,既保留着中国古都的历史风韵,又承载着当代中国东部文化经济发展的使命。以"创新名城"的概念更新城市形象,将"古都南京"的城市品牌提升为具有全球化属性的创新名城,应当成为新时期南京数字创意产业发展的重要战略目标。南京数字创意产业发展的独特优势是其深厚的历史文化资源,在历史文化基础之上拓展出新的文化形态,使传统与现代文化元素和谐共生,这同样也是产业升级的重要突破口。

总体来看,近些年南京市数字创意产业发展势头较好,但与北京、深圳、杭州等城市相比差距明显。南京市在七城市数字创意产业竞争力的综合排名中位列倒数第二,仅以微弱优势高于成都。其中,"宏观产业状况"在三个比较维度中排名最低,产业基础薄弱是制约南京市数字创意产业发展的根本原因;作为后起城市,南京在政策环境、市场环境、法律环境三个层面对数字创意产业给予支持,因此在营商环境的二级指标评估中,南京位居七城市的中等水平;南京出台的相关扶持政策,虽然自上而下推动了南京市数字创意产业的发展,但由于难以真正调动数字创意企业主体的积极性,从而难以从根本上激发数字创意产业发展的活力。上述因素均导致南京市在微观层面的企业效益评估中处于劣势。数字创意产业竞争力的增强有赖于产业状况、营商环境、企业效益,甚至更多维度指标的共同提升。因此,要实行差异化的发展战略,发挥南京历史文化资源的优势,把握好数字创意的技术发展机遇,促进南京市数字创意产业实现创新发展、精确发展、融合发展、特色发展,提升数字创意产业的社会效益,从而惠及民生。

第八章　成都数字创意产业发展现状及对策建议

数字创意产业是文化创意与数字技术深度融合的产物,作为我国的战略性新兴产业,正逐步成为拉动经济增长的新增长点。成都市具有深厚的历史底蕴和极为丰富的文化资源,作为我国中西部地区的国家中心城市,其互动娱乐产业发展处于国内领先水平,素有"中国游戏第四城"之称。近年来,成都加快"三城三都"建设,大力推动其文化资源的创造性转化和创新性发展,借助智慧化、网络化的数字技术,促进文化产业升级改造,为推动其数字创意产业实现高质量发展提供了肥沃的土壤。

本研究基于熵权法对北京、上海、广州、深圳、杭州、南京、成都这七个城市的数字创意产业竞争力进行评估,最终计算得出成都的竞争力综合指标排在第七位。在产业状况、营商环境、企业效益这三个一级指标及其下设的八个二级指标分项得分排名中,成都均表现欠佳。从各分项数据可以看出,成都数字创意产业存在着产业规模偏小、创新力不足、营商环境不完善、龙头企业数量不足等问题。然而,虽然得分表现与其他六个城市相比存在一定差距,但成都作为我国西部地区最具影响力、最为国际化的文创大都市,未来极具发展潜力,是引领我国区域协调发展的内在力量。成都亟须针对现存问题整合自身优势资源、打造地方品牌特色,全面提升其数字创意产业的规模和整体实力、创新创造活力与行业影响力。

第一节　宏观层面:产业状况

在本次城市数字创意产业竞争力的评估中,从产业状况维度来看,成都市排在第六位,并且与排名靠前的北京、深圳、杭州等城市相差较大,反映出其数字创意产业总体规模偏小、产业创新能力不足等问题。因此,在肯定成都近些年发展成效的同时,也要重点关注其产业发展的薄弱环节并加以完善。

一、主要成效

(一)数字创意产业发展后驱力足

如果单以产业规模总量来衡量一个城市的产业活力,那么成都市的数字创意产业与北上广深等城市相比完全不具备优势,但产业活力并不单纯体现为整体的规模数据,其发展潜力与增长空间同样重要。根据成都市统计局的数据,成都市文化及相关产业增加值从 2008 年的 133.7 亿元增长到 2018 年的 1,129 亿元,十年间翻了八倍,产业增加值占 GDP 比重也从 3.4% 上升到了 7.4%,发展势头迅猛。2018 年,标准排名城市研究院针对国内重点城市数字文创经济的未来发展空间发布了“2018 中国城市新文创活力指数排行榜”,而成都在这一榜单中雄踞榜首,可以看出,成都在数字创意产业领域具备极强的发展活力和后驱力。

此外,成都市的宏观战略布局也为其数字创意产业未来的发展规划了蓝图。成都市“十三五”规划提出,发展文化产业要以高新技术作为重要支撑,并将文化创意产业作为其战略发展产业之一,逐渐扩大其在经济发展中的影响力。同时,成都市在《建设西部文创中心行动计划(2017—2022 年)》中明确指出,将在五年时间里推动成都文化事业和文创产业发展水平进入全国第一方阵,建成全国重要的文创中心,提升世界文化名城的影响力。

(二)互动娱乐产业发展实力雄厚

互动娱乐产业基于互联网、数字技术等手段,强调用户与娱乐内容以及用户与用户之间的互动性体验,主要涉及游戏、电竞等领域。成都的互动娱乐产业起步较早,多年来积累了较为雄厚的产业基础,是当地数字创意产业中最具代表性的优势产业。

在游戏领域,成都素有"中国游戏第四城"的美誉,是我国游戏产业的重要研发基地,拥有扶持政策多、研发能力强等多方面发展优势。早在2001年,成都就吸引到当时极具实力的游戏公司华义国际在蓉设立分公司,随后在短短几年时间里,成都游戏产业迅速起步并占据先机,走在全国各城市前列。数据显示,2018年成都的网络游戏用户超过660万,游戏企业增速全国第一,而且其中的研发类企业占比70.4%,位列全国第一。① 其中,腾讯天美工作室的现象级手游《王者荣耀》诞生于成都,流水超过40亿元,至今仍是全球吸金能力最强的手游之一。

在电竞领域,成都作为国内一线电竞城市,其产品研发实力领先全国,赛事氛围也非常浓厚。在《2019中国电竞城市发展指数》报告中,成都综合排名第四,办赛数量排名第二,仅次于上海,众多大型国际知名赛事如世界电子竞技大赛(WCG)全球总决赛、《王者荣耀》职业联赛(KPL)年度总决赛等都曾在成都举办。在政策层面,成都市政府部门对电竞产业十分重视,多次出台扶持政策推动电竞产业快速发展,政策扶持力度在全国城市中名列前茅。2020年5月9日,成都市人民政府办公厅印发《关于推进"电竞+"产业发展的实施意见》,提出聚集电竞产业要素资源,完善电竞产业生态布局,在今后的发展中致力于打造"电竞+文创""电竞+科技""电竞+旅游/会展/音乐/美食"等多产业融合发展的创新发展格局,引领全市数字创意产业快速发展。

---

① 孤城.成都领跑全国游戏产业:研发比全国第一[EB/OL].(2018-04-02)[2021-11-22].https://www.ithome.com/html/it/356326.htm.

(三)产业集群发展稳步推进

近年来,成都市为推动文化创意产业转型升级,积极创新"文化+科技"的文化生产模式,充分发挥其西部高科技城市的优势,实施文化产业空间集聚的发展策略,依托产业园区整合相关产业资源,规划重大产业项目。到2022年,成都计划初步建成西部文创中心,着力打造"双核两带"集约化、高端化的文化创意产业发展新格局。发展至今,成都已设立国家级文化产业示范园区(基地)10家、省级文化产业示范园区(基地)23家、市级文化创意产业园区31家,涉及动漫游戏、数字音乐、数字媒体技术等多个领域,数字创意产业集聚效应初步显现。

比如,2011年正式挂牌运营的东郊记忆文创产业园,是我国西南地区规模最大的由工业遗址改造而来的文化创意产业高地,并于2013年被列为国家科技与文化融合示范园区。自2009年中国移动在园区内成立无线音乐基地起,数百家无线音乐内容服务商逐渐汇聚于此,形成了一个数字音乐企业的总部基地。东郊记忆已经吸纳新浪、百度、Google AdWords等多家知名企业入驻,形成了集数字娱乐、影视传媒、新媒体、时尚产业等于一体的文化创意产业聚集地,曾成功举办中国数字娱乐节、中国成都·金砖国家电影节、成都动漫文化节等重大活动,引进成都阿里巴巴现场娱乐基地项目、合纵成都国际音乐产业基地项目等重大产业项目,在区域数字创意产业发展中起到了重要的辐射作用。

除此之外,青羊绿舟文化产业园区以及少城视井文创园、天府三街、腾讯西部创新创业中心等产业聚集区均为成都市数字创意产业集聚发展做出了重大贡献。2012年,原文化部(现文化和旅游部)将青羊绿舟文化产业园列为国家级文化产业示范园区,近年来园区重点孵化数字类文化创意产业项目,积极构建数字化文创产品的完整产业链,品牌影响力得到了飞速提升。少城视井文创园位于少城国际文创硅谷,重点在影视、数字娱乐等领域发力,打造动漫游戏、网络直播等产业链,助力成都数字创意产业深度发展。

天府三街，可谓成都高新区的“大动脉”，以它为主轴向外扩展，集聚了几百家国内外名企，覆盖互联网、网络视听、5G 与人工智能等众多支撑数字创意产业发展的领域，如孵化了现象级手游《王者荣耀》的腾讯天美工作室、在游戏《刺客信条：奥德赛》中负责大量内容创作的育碧成都工作室、2019 年上半年中国投影机市场出货量第一的极米科技等均在此集聚；腾讯西部创新创业中心同样位于成都高新区，是一个专门为西部创业者打造的众创空间，其依托腾讯大厦高新技术资源，内部可容纳百余个孵化团队，为成都数字创意产业的发展注入了无数新鲜血液。

二、存在问题

（一）产业规模总体偏小，发展模式尚未成熟

近年来成都市数字创意产业发展势头迅猛，但产业规模总体偏小，竞争优势较弱。在本次数字创意产业竞争力评估中，成都产业规模指标得分仅为 0.171 分，在七个城市中位列第六。数据显示，2018 年成都市文化创意产业增加值为 1,129 亿元，占地区生产总值比重为 7.4%。[①] 与之相比，同在此次评估城市之列的其他一线城市如深圳，2018 年文化创意产业增加值则为 2,621.77 亿元，占地区 GDP 比重为 10.82%。而作为新一线城市的杭州，2018 年文化创意产业增加值更是达到了 3,347 亿元，占地区 GDP 比重高达 24.78%。[②] 从数字创意企业的数量来看，单项排名第一的北京拥有数字创意企业 257 家，是成都 41 家的六倍多。由此可见，在整体产业规模上成都与排名靠前的发达城市仍有较大差距。

（二）R&D 经费投入较少，科技创新能力不足

对于数字创意产业来说，文化创意是其得以存在的灵魂，而科技创新是

① 成都市统计局. 2018 年成都市国民经济和社会发展统计公报[EB/OL].(2019-04-01)[2020-11-22]. http://www.cdstats.chengdu.gov.cn/htm/detail_145407.html.

② 2018 年杭州市国民经济和社会发展统计公报[EB/OL].(2019-03-04)[2020-11-22].http://www.hangzhou.gov.cn/art/2019/3/4/art_805865_30593279.html.

文化创意得以落地呈现的重要支撑,是引领产业发展进步的关键环节。近年来成都正努力打造科技创新产业功能区,天府软件园、成都科学城等高新技术研发基地正不断驱动着成都科技创新能力的提升。然而,与东部沿海地区相比,成都的科技创新能力及其整体氛围都还存在很大差距。从评估结果来看,在本次研究中,成都在产业创新环节得分依旧偏低,位列第六名。统计数据显示,成都在全市 R&D 经费支出方面投入最少,仅为 392.31 亿元,占地区生产总值比重为 2.56%,与深圳市的 4.80%、北京市的 6.17%相差甚远。① 同时,其高新技术企业数量在七城市中也是最少的,仅为 3,113 家。

北京、深圳、上海等城市都把科技创新作为未来数字创意产业乃至城市发展的重要支撑,纷纷布局前沿科技创新领域,这为成都数字创意产业的发展提供了很好的参照。因此,成都更应加强对产业创新、技术创新的重视,加大对科技研发的投入力度,从而弥补与其他城市的差距,打造能够顺应未来产业发展趋势的产业技术体系。

(三)产业细分结构不平衡,文化科技融合不充分

一方面,从具象的维度来看,成都数字创意产业各细分领域的资源配置结构不平衡。一直以来,成都都坚持重点扶植动漫产业、游戏产业、数字音乐产业等特色产业发展,在宏观政策的影响下各项生产要素均向这些领域倾斜,而除此之外的其他领域发展相对较为缓慢,与国内其他城市相比竞争力较弱。产业内资源配置结构的不平衡使其难以形成各领域间资源高效整合的产业链条,这在一定程度上限制了数字创意产业整体的发展空间。另一方面,数字创意产业实质上是文化创意与科技深度融合的产物,文化创意与科技融合不充分也是成都数字创意产业结构存在的一大问题。成都各类文化资源富集,然而对文化资源进行有效的数字化转型和开发却并非易事。成都部分文化主导类企业缺乏有效的技术支撑,技术主导类企业欠缺优质

---

① 2018 年成都市科技经费投入统计公报[EB/OL].(2019-09-11)[2020-11-22].http://www.cdstats.chengdu.gov.cn/htm/detail_177684.htm.

的文化创意,完全意义的数字创意企业少之又少。文化与科技相剥离,无法碰撞出新火花,这大大影响了成都数字创意产业的发展质量,容易形成产业发展瓶颈,亟须政府相关部门从宏观角度加以引导和支持。

三、发展建议

(一)培育市场主体,扩大产业规模

要增强成都市数字创意产业整体的规模实力,就要培育壮大产业内部的各个市场主体。首先,集中力量培育骨干企业,提升区域内龙头企业在全国范围内的竞争力与影响力。其次,扶持中小企业做大做强,发挥骨干企业的带动作用,鼓励有实力有潜力的数字创意企业挂牌上市,拓宽融资渠道。再次,强化配套产业体系建设,完善产业集聚区的孵化能力与资源配置能力,推动形成规模化、效益化的产业集群。最后,还应当通过加强数字创意产品及服务创新、拓宽产品消费渠道、增强文化感染力等方式来培育新型消费群体,拉动数字创意产品消费需求,激发消费活力,为数字创意产业发展壮大提供原生动力。

(二)加强产业创新,推动文化与科技深度融合

创新是数字创意产业最重要的特征,而推动文化与科技深度融合是数字创意产业创新的关键。2019 年 6 月在成都举办的第五届全球创新创业交易会受到广泛关注,高达 333.37 亿元的成交总金额反映出成都较为活跃的创新创业氛围。可以看到,成都正努力打造以创新为核心支撑的产业发展模式,未来仍需把创新驱动发展战略贯彻到底。

第一,从整体上优化创新环境,继续为市场主体营造一种较为宽松的创新氛围,加大对数字创意企业的创新激励力度。一方面,鼓励数字创意相关企业开发创意产品,提升技术水平,增强对企业创新过程中试错纠错的容忍度,发扬乐观包容、创新创造的天府精神,彰显“鼓励创新,宽容失败”的城市理念;另一方面,为数字创意相关企业提供技术应用、知识产权管理、金融服

务等专业咨询,充分发挥科技创新制度的支撑和保障作用,推动企业主体的自主创新。

第二,加大科技创新投入力度,提高科技创新成果转化效率。一定的投入是产业创新得以成功的基础。相关统计数据显示,成都市 R&D 经费支出额度相对较低,应适当调整 R&D 经费支出比重,加大科技创新投入力度,完善文化科技类基础设施建设,打造一批高水平的科技创新成果孵化平台,让更多的科研成果与创意设计相融合,转化为真正落地的产业项目。同时,要在微观层面鼓励企业加大研发的投入力度,针对不同企业和不同项目给予适当补贴。

第三,聚集高水平创新人才,激发全社会的创新创意活力。高层次人才是产业创新过程中最为活跃的因素,是直接推动文化与科技融合的重要一环。要将人才的跨界融合作为产业跨界融合的第一步,联合各个高校与科研机构,培育一批既有文化内涵又懂专业技术的复合型创新人才。

(三)突出优势领域,兼顾全面发展

结合成都数字创意产业的发展状况,应当重点规划建设网络游戏、电子竞技、动漫等具有产业优势的特色领域,打造行业品牌。加大对相关领域企业的扶持力度,鼓励开发制作原创游戏、动漫作品,推动更多优质数字创意成果转化落地。要不断引进游戏、动漫等相关行业的领军企业与创新人才,强化行业优势,提高成都在全国范围内乃至国际上的产业竞争力与影响力。

另外,数字创意产业的高质量发展依赖于全产业链的要素流动与资源共享。因此,在突出发展优势领域的同时兼顾全面发展,是成都数字创意产业在整体上提质增效的必然选择。成都应当全面推进高新区、青羊区、锦江区等重点区域内不同类型数字创意产业聚集区资源的互联互通与合理流动,同时激发网络视听、影视传媒、体育赛事等不同领域的潜在发展活力,促进区域片状、带状建设,进一步优化成都数字创意产业的结构布局。

第二节　中观层面：营商环境

营商环境是一个产业能否实现高效运转的关键因素，它影响着区域内产业技术创新的积极性，以及对人才、资金等要素资源的吸引力等。成都自古就有着丰富的文化内涵和特质，如今它既有快节奏的都市生活，又有慢节奏的休闲生活，曾被《商务旅行》杂志评选为最宜商宜居的城市。然而，在本次城市数字创意产业竞争力的评估中，成都的营商环境综合指标得分排在最末位，在营商环境下各二级指标的评估中，除文化环境以外，其政务环境、市场环境、法律环境得分也均排在最末位。可见，整体来看，成都未能为数字创意产业提供一个理想的发展环境，仍需付出更多努力。

一、主要成效

（一）文化环境：城市环境宜居宜商，文化氛围创新包容

近年来，过高的生活成本、拥挤的城市交通与紧张的工作节奏让很多追求自由创造和生活品质的年轻人纷纷选择逃离北上广等一线城市。作为新一线城市的成都拥有不同于其他发达城市的文化个性，既有创新创业的蓬勃活力，又有轻松自在的休闲风格，快与慢交织融合。这种独特的生活环境与生活方式对创新创意型人才产生了极大的吸引力，相对较低的生活成本与生活压力也为他们留出了更多的空间和时间。

与此同时，文化内核是一个城市数字创意产业发展的根基与内生动力，是提升城市吸引力、增强产业竞争力的重要因素。成都致力于传承巴蜀文化、发扬天府文化，“创新创造、优雅时尚、乐观包容、友善公益”的天府文化，越来越成为成都精神文化内核的集中体现，为数字创意产业的发展提供了深厚的文化土壤。其中，最为重要的“创新创造”是数字创意产品得以落地输出的必备品质，“乐观包容”则是吸引各方人才、资源的重要前提。成都把

天府文化作为产业发展和城市转型的精神动力，在全国乃至世界范围内都具有一定的认可度和影响力，推动其以更为开放包容的姿态实现国际化发展。

“九天开出一成都，万户千门入画图。”作为拥有几千年历史的文化古城，成都早在1982年就被国家认定为首批历史文化名城，文化资源十分丰富。如今数字创意产品的开发越来越强调其中的文化价值内核，而成都依托巴蜀特色文化资源，对其进行创造性转化，打造差异化、特色化、高附加值的原创IP，具有得天独厚的优势，现已成功孵化出《王者荣耀》《哪吒之魔童降世》等一系列颇具成都地域文化特色的现象级IP。

（二）市场环境：西部核心城市定位，市场要素资源集中

成都作为我国西南地区最具影响力、最为国际化的文创大都市，是引领我国区域经济协调发展的内在力量，也是区域要素资源的首要集中地。2012年，国家出台的《西部大开发“十二五”规划》明确提出要将成都建设成为内陆开放型经济战略高地，并以此来引领西部地区的发展。2016年4月，国务院批准发布的《成渝城市群发展规划》正式将成都定位为国家中心城市，要求增强成都西部地区经济中心、科技中心、文创中心、对外交往中心和综合交通枢纽功能。

随着西部大开发战略的深入实施，以及国家中心城市建设、“一带一路”建设的稳步开展，成都已经成为我国西南地区经济发展的高地，区域内的资金、技术、人才等优质资源不断向蓉流动集中，为成都数字创意产业的发展提供了良好的市场环境。例如在技术要素方面，早在2017年，成都就与中国电信合作开启了5G试点工作，后续又相继与中国移动和中国联通合作开展5G设施的建设与应用，在此过程中成都均是作为区域内的首个城市来开展试点工作的。2019年6月，成都移动又与腾讯合作，完成了西南地区首座5G智慧楼宇的商业赋能，高速率、大容量的5G网络为区域内的游戏研发测试、超高清视频、智能驾驶等应用领域带来了巨大的创新发展机遇。

近几年，在国家宏观政策利好的大背景下，成都利用其在西南地区的资源优势，大力推动文化建设，努力打造“三城三都”的城市品牌。成都已经成功举办世界文化名城论坛·天府论坛、中国网络视听大会、2019 腾讯数字文创节等多场数字文创活动，通过搭建行业内高水平的交流平台，进一步加强要素资源吸引力，在整个西部地区乃至全国范围内不断扩大其知名度，提高其美誉度。

二、存在问题

（一）政务环境：数字创意产业政策体系不完善

在推动数字创意产业发展的过程中，成都市政府做出了不少努力，近年来相继发布了《关于营造新生态发展新经济培育新动能的意见》《建设西部文创中心行动计划（2017—2022 年）》《成都市建设世界文创名城三年行动计划（2018—2020 年）》等多项相关产业的宏观指导政策，为推动成都市文化创意产业转型升级、实现跨越式发展起到了重要作用。

尽管上述政策文件对成都数字创意产业的发展产生了一定的推动作用，但成都市针对数字创意产业领域的政策体系并不完善，导致其在本次评估中的成绩排名相对靠后。从国家层面追本溯源，2018 年国家统计局将数字创意产业作为一个独立的战略性新兴产业分类提出，代表了国家对这一细分领域的高度重视。然而，成都现有的相关政策文件没有形成专门针对数字创意产业的政策体系，只是在关于文化创意产业的政策中有部分涉及。这直接从顶层设计环节决定了政策与数字创意产业的实际发展不完全匹配，造成政策导向与现实状况脱节的问题。同时，成都现有的数字创意产业相关政策也具有一定滞后性，地方政府存在对行业前沿趋势把握不够准确、不够深入的问题，致使其对产业的引导效果大打折扣。此外，还出现了对具体领域扶持力度不够，相关税收减免政策力度不够等问题，缺少针对数字创意产业的财政、金融、土地、税收、人才等方面的配套政策措施。在相关政策出台后,缺少配套的实施细则也是成都数字创意产业政策中存在的一大缺陷,直接导致政策落实不到位,进一步弱化了政策对产业发展的影响和作用。

(二)市场环境:高端复合型人才较为匮乏

数字创意产业强调文化创意与科技创新的深度融合,这就要求其从业人员既要具备对内容创造的感性理解,又要具备对数字化产品形态的理性认知。因此,数字创意产业所需的人才必定是高端复合型人才。然而,相对于北京、深圳等一线城市,成都数字创意产业起步较晚,加之地处西南,人才培养所需的硬件资源、培训队伍、市场空间等各方面发展水平均不占优势,所以专业人才基数也自然较小。除此之外,成都高校当前主要培养的是基础型人才,在交叉融合领域的人才培养较为薄弱,从而造成数字创意产业人才供需不匹配,结构性矛盾突出。综上,成都现有的高端复合型人才极为匮乏,严重阻碍了城市数字创意产业的创新发展。

相较而言,成都在对外人才引进方面也未能占据优势。尽管成都的文化环境与生活环境对于年轻人来说具有很大的吸引力,但是人才对城市的选择通常也会结合当地的产业规模、企业效益等多方因素去综合衡量。因此,整体来看,成都对人才的吸引力依旧不如一线城市,甚至存在着很多本地优质人才外流的情况。

(三)市场环境:企业融资环境有待优化

与北京、上海、广州等城市相比,成都市发展数字创意产业的市场融资环境相对较差,主要表现为以下几点。第一,政府对数字创意产业发展的财政支持力度有限,提供的专项资金数额普遍较小,相较数字创意类研发项目的巨额成本而言难以起到较大作用。第二,数字创意产业的“补、贷、投、保”联动机制有待进一步完善,企业融资渠道较为单一,暂时没有形成专门针对数字创意产业服务的金融机构以及融资服务体系。第三,数字创意产业具有前期需求资金量大、回报周期长的特点,且与传统产业相比尚未形成成熟的盈利模式，存在着一定的不确定性与市场风险。而成都市数字创意产业多为中小企业，可控资源较少，加之其身处资本市场发展相对较为滞后的环境中，所以融资成本较高，直接和间接融资均较为困难。

（四）法律环境：知识产权培育和保护能力不足

培育和保护知识产权是推动产业健康发展、激发其创新创造活力的重要环节，对于数字创意产业的发展来说，其重要性尤为显著。2020 年 8 月 27 日，全国首个区块链知识产权基地落户成都，这意味着成都知识产权强市建设即将迈入一个新的阶段。然而，与其他数字创意产业发展较为领先的城市相比，成都的知识产权培育和保护能力还存在很大的提升空间。

以 2019 年为例，当年成都市全市专利授权达 5.07 万件，新增注册商标量 13.97 万件，而同年北京市全市专利授权量则达到了 13.17 万件，新注册商标量 47.46 万件，分别是成都的 2.6 倍和 3.4 倍。[①] 在知识产权保护方面，2017 年成都市中级人民法院受理知识产权案件 2, 852 件，而同年北京办理同类案件则高达 3.8 万件，是成都的 13 倍之多。另外，深圳、杭州等城市都极为注重对知识产权的法律保护，出台了大量的政策法规，如深圳已颁布的有关高新技术发展的地方性法规及条例就多达 310 个。相比之下，成都市针对知识产权出台的相关政策多以规范性文件的形式出现，政策保护层级较低，缺乏地方性的知识产权保护法律。可见，成都在知识产权领域的各方面建设仍然处于相对落后的状态，亟须完善相关法律体系，增强社会的知识产权保护意识，提高相关部门培育与保护知识产权的能力。

① 成都市市场监督管理局 2019 年工作总结和 2020 年工作安排[EB/OL].(2020-03-26)[2021-03-16].http://scjg.chengdu.gov.cn/cdscjgj/c133668/2020-03/26/content_9d3549d765064143aaf9b30cef58e57f.shtml.

三、发展建议

(一)强化针对性政策支持,加快落实配套政策

地方政府采取针对性的宏观政策引导,对城市数字创意产业的发展起着举足轻重的作用。成都市政府应当首先明确数字创意产业在《国家战略性新兴产业分类(2018)》中所规定的范围与内容,精准定位数字创意产业的前沿动态与发展方向。同时,借鉴其他城市专门针对数字创意产业发展所出台的产业促进政策经验,如杭州市《建设全国数字内容产业中心三年行动计划(2015—2017 年)》、深圳市龙岗区《粤港澳大湾区数字创意产业基地综合发展规划》等,围绕数字创意产业的实际发展需要去制定具有针对性的政策措施。

另外,成都市还应当积极完善并加快落实针对数字创意产业的财政、金融、土地、税收、人才等方面的配套政策。例如,在财政方面,可以设立数字创意产业发展专项资金,加大对附加值高、发展潜力大的数字创意企业的资金扶持力度;在土地方面,可以结合数字创意产业的业态特征,制定专门的用地支持政策,优先保障数字创意产业的用地需求,对于重大产业项目按需"随用随供",降低数字创意产业的用地成本;在税收方面,可以对符合产业标准且发展势头良好的数字创意企业实行税收优惠,减免科技研发费用的应付税款,适当下调高新技术企业增值税税率。

(二)加强本地人才培养,重视外地高端人才引育

数字创意产业是人才密集型产业,培养和吸纳一批既懂技术、又懂管理的高端复合型人才,是推动数字创意产业发展的关键,这就要求高端复合型人才培养与引育两手抓。

一方面,要抓本地人才培养,构建数字创意产业高端复合型人才培育体系,紧密结合数字创意产业中各领域的发展方向,按产业需求培养集基础型人才、技术型人才、跨界型人才为一体的人才队伍。同时,要充分利用成都

当地高校资源，鼓励四川大学、电子科技大学等院校的相关专业与数字创意企业开展合作，加强产学研融合，推动形成从培养到就业的有效链接，最大限度留住本地高校人才。

另一方面，要抓外地人才引育，完善成都市高端人才引进政策，充分发挥“千人计划”“天府万人计划”等现有人才引进计划的作用，进一步提高人才引进力度，努力汇集海内外数字创意产业领域的优秀人才。同时，要重点保障和提高“蓉漂”人才在蓉落户、生活与工作等各方面的权益，形成高端骨干人才奖励机制，尽可能留住已经吸引到的外地人才。“一培一引”两手抓，为成都数字创意产业的发展不断注入新鲜血液。

（三）优化金融生态环境，将金融性政策落到实处

良好的金融生态环境是数字创意产业发展的重要引擎，但成都存在金融支持力度不够、金融体系不完善等问题，导致其数字创意产业发展乏力，亟须采取措施加快金融体系建设、优化金融生态环境。政府应积极贯彻落实《关于进一步加快建设国家西部金融中心的若干意见》，大力发展科技金融、文化金融，助力数字创意企业发展。

第一，要加大数字创意产业的财政投入和专项资金扶持力度，可以设立数字创意产业专项发展基金，同时减免相应的企业税费，助力产业持续健康发展。第二，积极鼓励、引导并支持优秀数字创意企业挂牌上市，结合数字创意产业发展现状与业态特征，适当降低中小企业入市门槛，提升产业直接融资能力。第三，政府方面还应当积极为企业搭建融资服务平台，提供全面完善的融资服务。鼓励运用合同质押、资产证券化、融资租赁等融资工具，拓宽数字创意企业融资渠道。

（四）加大知识产权保护力度，推动知识产权成果转化

首先，要在宏观层面对知识产权法律法规进行完善，为企业维权提供制度保障。其次，要充分发挥成都知识产权审判庭的作用，统一优化配置审判资源，提高知识产权案件的审判质量和处理效率。再次，要加大对各种侵犯

知识产权行为的打击和处罚力度，最大限度维护权利人的合法权益。最后，加强对典型侵权案件的公示以及相关法律法规的宣传，引起人们对知识产权的重视，增强相关主体的法律意识、维权意识。

推动知识产权成果转化，一是要鼓励数字创意企业积极申请专利成果，建立激励机制，尤其对中小企业适当实行优惠政策，简化知识产权相关审批流程。二是要搭建专门的知识产权转让交易平台，培养一批专业的中介服务人员以及高水平的服务机构，拓展知识产权价值评估、专利代理、法律咨询、技术服务等业务。

第三节　微观层面：企业效益

企业效益是一个城市数字创意产业竞争力在微观层面的具体体现。要增强城市数字创意产业竞争力，其根本就在于提升各个结构主体，也就是企业的经济效益与社会效益，用头部个体带动中小微群体，实现量变到质变的飞跃。在本次数字创意产业竞争力评估中，成都的企业效益得分为 0.241，排在第七位。其中，二级指标中的经济效益排在第七位，社会效益得分排名第五，优于广州和南京。从具体数据可以看出，成都的数字创意企业在社会效益方面取得了一定成效，但从企业资产总额、年度总营收以及总利润等经济指标来看，成都与其他六城市相比尚存在一定差距。

一、主要成效

（一）众多头部企业落户，促进产业持续发展

近年来，成都在数字创意产业领域所迸发出的发展潜力吸引了腾讯、阿里、字节跳动、网易、爱奇艺等大量业内头部企业在蓉设立分部；百度智能驾驶项目、快手直播电商全国总部、华谊兄弟艺术小镇等重大项目也相继在蓉布局。这大大丰富了成都数字创意产业的产业格局，并对成都的本土企业

发展产生了巨大的带动作用。

2020 年 8 月,腾讯与成都市正式签署新文创和智慧城市战略合作协议,计划投资 50 亿元,在成都设立新文创总部。落成后的腾讯新文创总部将重点拓展电竞、游戏、动漫等领域的业务,与成都市在电竞赛事、文创 IP 开发等方面开展更多合作,利用"文化+科技"的力量,共同推动成都数字创意产业的发展。

继腾讯在成都设立新文创总部后,网易也与成都高新区签订合作协议,计划在高新区投资 130 亿用以打造网易成都数字产业基地,这将是网易继南京以后在全国设立的第二个产业基地。[①] 本次合作将重点发挥网易在技术、创意等方面的优势,引进并推动网易在数字产业方面的产业生态链在蓉落地,实施"数字产业创新基地""青年独角兽实训基地""科技文创产业基地""工业互联网示范中心"四大合作计划,努力汇集更多相关优质企业与高端人才,推动该产业基地成为西南地区数字经济产业新高地。

国内互联网巨头公司字节跳动同样选择在成都高新区落户,在本次合作中,字节跳动将投资 100 亿元建设字节跳动创新业务中心,同时布局多项前沿业务。预计 5 年内,成都创新业务中心员工数量将破万人,年销售收入将达到 100 亿元。

(二)游戏企业逐渐成为产业发展主力军

一直以来,游戏企业在成都数字创意产业的发展中都发挥着主力军作用,其经济效益十分突出。《2018 年成都市互联网络发展状况报告》显示,成都游戏企业 2018 年营收总计 207.3 亿元,占据了成都主要互联网企业营收的半壁江山,并且其增速与研发占比均位列全国第一。爆款手游《王者荣耀》便孵化自位于成都的腾讯天美工作室。2015 年 11 月 26 日,《王者荣耀》正式上线公测,至 2017 年春节其日活跃用户量(DAU)峰值已超过 8,000

---

① 腾讯在成都设立新文创总部,网易紧随其后[EB/OL].(2020-08-24)[2021-11-22].https://www.madisonboom.com/article/Tencent-and-netease-invest-in-chengdu.html.

万,在一年之内翻了六番,[①]到2020年春节期间更是直接突破亿级大关,用户规模不断扩大。在营收方面,根据市场调研公司Super Data发布的《2019年游戏市场年终报告》,《王者荣耀》2019年全年收入高达16亿美元,全球排名第三,引领手游市场。

除此之外,成都还有50余家游戏企业在产品研发的一线进行游戏孵化。如2014年成立的天象互动,仅在一年内就开发出《三国威力加强版》《热血精灵王》等众多千万级别手游产品,两年后实现营收5.72亿元,利润总额3亿元。[②] 2018年,成都西山居的《剑网3》、天上友嘉的《三国志2017》等游戏还分别在"第十二届金翎奖"上揽获大奖,实现经济效益与用户口碑的双丰收。

(三)发挥企业社会效益,助力城市品牌建设

数字创意产业是强调文化与科技融合的新业态,这就决定了数字创意企业的市场行为及其产品具有极强的外部性,反映出该企业的社会影响力与文化形象,从而进一步延伸到其所在城市的发展。企业社会效益的好坏是决定其能否获得长久发展的重要因素,同时,较好的社会效益可以实现企业与城市的双向共赢。

天府文化是成都最具代表性的地域文化。众多位于成都的数字创意企业把天府文化内置于其文化产品中,将独特的传统文化内涵转化为时代价值,获得经济与社会效益的双赢。例如,2019年由成都可可豆动画影视公司制作的电影《哪吒之魔童降世》,自上映起口碑与票房一路攀升,最终拿下国漫票房冠军,被称为"国产动画崛起的里程碑"。值得一提的是,影片的众多天府元素让广大观众体验到成都这座城市的文化底蕴。比如滑稽可爱却说

① 王者荣耀DAU突破8000万?更可怕的是14%的游戏时长被它拿走了[EB/OL].(2017-02-14)[2020-11-22].https://www.sohu.com/a/126192939_114795.

② 陆子昕,蔡尚伟.关于成都打造"世界新娱乐策源地"的初步思考[J].中共成都市委党校学报,2019(2):84-90.

着一口四川话的太乙真人，还有参考了成都金沙遗址出土的三星堆青铜像和黄金面具造型的青铜结界兽等。《哪吒之魔童降世》所取得的巨大成就，极大提升了天府文化在国内外的知名度与影响力，在第三届天府文化论坛中被列入天府文化十大标志事件。再如，在成都孵化的游戏产品中，也不乏植入了天府文化元素的优秀作品。《王者荣耀》起初就取材于天府文化中的三国文化，并将其创造性地转化为游戏中的英雄人物、皮肤、场景等各种符号元素，让游戏玩家在娱乐的过程中感受到天府文化的独特魅力，向世界展现成都形象。

此外，除了在产品中植入文化内涵，传播企业的战略理念、举办主题活动也是企业获取社会效益的重要途径。2019 年 1 月 17 日，腾讯旗下最为重要的文创 IP 主题线下活动——腾讯数字文创节落户成都，在开放的四天时间里共吸引超十万人前来参观体验，影响巨大。在活动开幕当天，腾讯还携手成都市宣布开启“数字文创城市共生计划”，力图充分发挥头部企业的产业优势与文化正外部性，结合“成都智造”，孵化极具文化价值的地方特色文创 IP，共同推动成都的城市形象与品牌建设，将成都打造为中国数字文创名城。

二、存在问题

（一）数字创意企业整体经济效益偏低

尽管近年来成都市的数字创意企业展现出了很大的发展潜力，取得了一定的成绩，但总体来看，其经济效益与北京、上海、深圳等城市相比依然存在着较大差距，甚至完全不属于同一量级。

在本次评估中，成都在经济效益二级指标下的得分只有 0.074 分，排在七城市的最末位，且与第一名深圳（0.598 分）相差了 0.524 分之多。从具体数据来看，2018 年成都市数字创意企业的资产总额与年度总营收分别为 537.46 亿元与 315.35 亿元，均远远未达到千亿量级。相比之下，排在成都前一位的广州——2018年数字创意企业资产总额与年度总营收分别为2,009.91亿元与1,461.42亿元——已经与其拉开了非常大的差距,更不用说排在前几名的深圳、杭州。与此同时,成都市数字创意企业的盈利能力也相对较弱。营业利润率是企业盈利能力的直接反映,根据各城市数字创意企业年度总营收与总利润额可以计算得到这一数据。结果显示,2018年成都市数字创意企业总体营业利润率为1.7%,而其他六城市则分别为15.53%(深圳)、15.38%(广州)、15.20%(杭州)、8.49%(北京)、5.52%(南京)、5.40%(上海),均远远领先于成都。结合以上数据可见,成都数字创意产业的整体规模依旧偏小,企业经济效益亟待提高。

(二)成长期中小企业为主,缺少本土龙头企业

纵观成都的数字创意产业现状,其市场主体多为处于成长期的中小企业,缺少本土龙头企业的辐射带动。根据本次统计的41家成都本土上市企业数据,其平均从业人员数量仅为533人,而排名靠前的深圳、杭州则分别为3,508人和3,016人,可以看出成都企业从业人员规模明显偏小。从营收规模来看,成都2018年年度总营收超过10亿的企业只有5家,超过100亿的仅有1家,尚无千亿级的数字创意企业。相比之下,在本次企业效益评估中位列前三名的深圳、北京、杭州,分别坐拥腾讯、字节跳动、百度、阿里巴巴等互联网行业巨头,排名相对靠后的上海、南京、广州也分别有阅文、苏宁、网易等头部企业加持,这些企业不仅为其所在城市带来高额的经济效益,而且能够带动当地中小企业的发展。成都是七城市中唯一缺少本土头部企业的城市,即便是在成都当地可称为骨干企业的新华文轩和博瑞传播,其经营规模与前文所提到的头部企业相比仍然偏小。另外,尽管成都近年来吸引众多头部企业到蓉设立分部,但本土企业所充当的角色仍旧是不可替代的。本土数字创意企业小而散,致使其在融资市场上难以发力,严重制约了当地数字创意产业的发展。因此,成都亟须培育和壮大本土中小企业,培养一批有实力、有影响力的龙头企业。

（三）数字创意企业资源整合能力有待提升

一个企业的资源整合能力是决定其发展空间、推动其产品价值链延伸的必备要素。产业服务平台作为为区域内相关企业提供信息资源、技术创新、市场开拓、管理培训等配套服务的支撑体系，是企业提升资源整合能力的重要渠道。高效的服务平台能够支撑企业整合行业内诸如资金、技术、人才等各项资源，帮助中小企业解决其发展过程中遇到的困难，提高相关企业的经营能力与发展水平，对一个产业的发展具有重要的支撑作用。

北京、上海、广州、深圳等一线城市在数字创意产业相关平台建设方面起步较早且发展较快，依托于成熟的产业平台，当地企业的资源整合能力在国内处于领先地位。如深圳早在 2011 年就成立了深圳市文化创意产业协会，现已覆盖深圳四百多家文化创意企业；同时还于 2016 年成立了中国首家数字创意产业类协会——深圳市数字创意与多媒体行业协会。与深圳相似，北京也于 2013 年成立了由政府领导的北京市文化创意产业领导小组办公室以及北京市文化创意产业促进中心，并且已形成了长效机制，推动产业良性发展。相比之下，成都市相关产业服务平台成立较晚，当地企业资源整合能力也相对较弱。2020 年 5 月 26 日，专门针对数字创意产业发展的成都数字文创产业联盟正式成立。该联盟由峨眉电影集团有限公司、成都新飞翔科技集团有限公司牵头，涵盖动漫、游戏、电竞、音乐、影视等数字创意领域的近百家企业，力图加强企业间的合作交流，解决企业面临的发展难题，推动成都市数字创意产业快速发展。成都数字文创产业联盟的成立为该市数字创意产业平台建设注入了新的活力，但目前该联盟仍处于起步阶段，存在运作机制不健全、产业链不完整等问题，产业联盟的作用发挥尚不充分，资源整合能力有待进一步提升。

三、发展建议

(一)强化龙头企业的本土培育和外来引进

一方面,要做大做强骨干企业,培育一批本土的数字创意产业领军企业,增强成都在各城市间的核心竞争力。精准聚焦游戏、动漫、音乐等优势领域,重点培养以天象互动、可可豆动画影视、成都传媒集团、咪咕音乐等为代表的极具发展潜力的特色数字创意企业,不断延伸相关产业链,提高同类企业的集聚效益。同时,要大力扶持本地有实力的数字创意企业走出去,进行跨区域甚至跨行业的合作兼并,壮大企业力量,增强其在国内外的影响力,打造一批"成都创造"的企业品牌。

另一方面,继续加大对行业内头部力量的引进力度,吸引国内外龙头企业、独角兽企业以及重大项目到蓉落户,充分发挥其引擎带动作用。要规划制定一系列旨在吸引不同级别、不同类型外来企业项目的优惠政策,并与意向企业共同协商落地后的发展规划,形成政企协同推动产业发展的合力。对于腾讯、阿里、百度、网易等已经落户成都的头部企业,相关政府部门更要加强与其日常的合作交流,在用地、资金、人才等方面给予一定的政策便利与扶持,在促进这些企业发展的同时也可以依托其技术储备和人才优势,共同开发建设一系列具有引领性的重大产业项目,盘活成都丰富的文化资源,推动其数字创意产业的发展。

(二)加强扶持与孵化,提高中小微企业市场竞争力

在成都市所拥有的数字创意企业中,中小微企业占据了绝大部分,而这部分主体的经营能力普遍较弱。因此,必须加强对中小微企业的扶持与孵化,壮大成都市数字创意产业发展的生力军。

相关政府部门应当强化针对中小微企业的政策支持,并积极推进相关要素保障落到实处。第一,加强资金要素的扶持,充分利用相关产业发展专项资金,加大对发展潜力较大的中小微企业的扶持力度,同时鼓励更多民间

资本投资处于成长期的数字创意企业。第二,加强技术要素的扶持,打造产业技术共享服务平台,促进高新技术在中小微企业中的应用,提高其内容生产的硬件水平,推动数字创意成果的多样性转化。第三,加强人才要素的扶持,通过设立专项补贴、实施专项计划,鼓励一部分优秀人才向中小规模企业分流,调动企业发展活力。此外,要提高政府部门服务水平,简化相关政务审批流程与办证流程,为数字创意企业提供更为高效的"一站式"服务。要推动配有完善技术设施的专业孵化器、众创空间等促进创新创业的服务载体的建设,并给予相应的政策补贴,为中小微市场主体提供交流合作、激发创意的自由发展空间。

(三)增强产业平台利用效率,提高企业资源配置能力

产业平台是一个区域内相关企业整合资源信息、形成企业合力的重要渠道,尤其对于现阶段数字创意产业发展尚未完全成熟的成都来说,加快产业服务平台建设,增强企业对产业平台的利用效率,进而提高企业的资源配置能力尤为重要。

成都要借鉴深圳、北京等城市的建设经验,尽快完善成都数字文创产业联盟的长效机制。截至 2018 年 8 月,深圳的数字创意企业依托深圳市数字创意与多媒体行业协会进行对接采购所促成的企业间合同交易额已达 3.2 亿元,企业对产业平台的利用效率极高。因此,成都要重点提高产业联盟的资源整合能力,加快打造全要素、全方位、全产业链的数字创意产业生态圈。同时,要联合高校专家以及相关研究机构,利用好大数据等新兴技术,建设成都数字创意产业智库,促进政策信息、产业数据、产业资源等信息的实时性流通共享,使数字创意企业能够更加高效便捷地使用产业平台资源,促进成都市数字创意产业高质量发展。

除了完善现有数字文创产业联盟的运行机制,成都还可以打造诸如成都国际版权交易中心、成都国际音乐(演艺)设施设备博览会等细分领域的服务交易平台,重点发力游戏、动漫、数字音乐等特色产业,为企业提供更为

专业、更具针对性的合作交流渠道,进一步增强企业在相关领域的资源整合能力,高效推进数字创意产业市场要素的流通,实现价值转化。

综合比较分析本次城市数字创意产业竞争力得分,成都与其他城市相比虽然存在较多问题,产业竞争力较弱,但长期来看,其作为我国西部地区数字创意产业发展的主力,极具发展潜力。在产业状况层面,成都市数字创意产业发展后驱力足,且在游戏、电竞、动漫等互动娱乐领域具有特色优势。但整体来看,其产业规模依旧相对偏小,产业发展阶段尚未成熟,且存在创新能力不足、产业结构不平衡等问题。在营商环境层面,成都市文化环境较为开放包容,并且能够在区域内集聚一定的生产要素资源,但在产业发展所需要的政策支撑、高端人才、金融生态、知识产权保护等方面亟待优化。在企业效益层面,近些年成都从外部吸引了众多头部企业到蓉落户,逐步带动了当地的产业发展。其数字创意企业所产生的社会效益也为打造城市品牌做出了巨大贡献。然而,成都数字创意企业的整体经济效益偏低、缺少本土龙头企业等问题仍然非常明显,亟须提高企业的经营能力与资源配置能力,加强对本土中小微企业的扶持与孵化力度。针对成都市数字创意产业发展的现状及问题,相关政府部门应当强化优势领域、弥补弱势领域,结合成都现有的特色内容产业与天府文化,走出一条差异化的数字创意产业发展道路。

结 语

数字创意产业具有天然的要素集聚特征,在生产过程中需要创意、技术、数据、人才等多种高级要素的配合。由于城市的生产力比较发达、基础设施较为完善,高级生产要素大都集聚于大都市。因此,我国数字创意企业主要分布在各大城市。为了对我国数字创意产业有一个整体上的把握,本研究选取了七个一线城市或新一线城市,基本上涵盖了数字创意产业的主要集聚地。基于数字创意产业竞争力模型及后续的数据测算,北京、上海、广州、深圳、杭州、南京、成都七个城市的数字创意产业竞争力跃然纸上,反映出各城市数字创意产业的发展优势和不足,也展现出我国数字创意产业发展的基本态势。

通过对上述七个城市的数字创意产业竞争力进行分析,我们可以发现数字创意产业有其自身的发展特点和规律,这为我国各城市数字创意产业的发展提供了重要启示。总结并把握这些规律和特点,为宏观管理层和城市管理者的科学决策提供依据,有助于营造优良的营商环境、培育多样化的数字创意企业,从而推进我国数字创意产业的高质量发展。

一、立足城市自身优势,形成多元发展格局

尽管技术进步一定程度上削弱了比较优势在区域经济发展中的作用,但由于数字创意产业尚处于发展初期,各城市需要时间集聚要素和打造品牌,城市的文化资源和文化氛围在产业发展过程中具有不可替代性。这一阶段,特定城市只有发挥自身的优势,才能在区域数字创意产业竞争中脱颖

而出，最终实现城市文化形象和吸引力的提升。

比如，上海虽然没有北京那样雄厚的产业发展基础，但其结合自身在金融、人才等方面的优势，通过营造良好的营商环境，鼓励企业深耕数字创意产业的细分领域，树立起具有上海特色的数字创意产业品牌。以哔哩哔哩、阅文集团、喜马拉雅为首的特色数字创意企业已经在直播、网络文学、数字音频等领域取得了领先优势，其产生的社会影响不容小觑。再如，由于没有限制性的功能定位，成都市具有较好的包容度和开放性。成都市政府着力打造一流营商环境，其偏低的市场准入门槛以及相对宽松的人才政策给予新兴产业一定自由发展的空间。以数字音乐产业为例，依托于本地的咪咕音乐等知名企业，成都市有针对性地提出“打造世界级数字音乐产业基地”的目标，储备了大量优秀的音乐人才及版权，在数字音乐领域取得了较大的影响力。

相比之下，虽然广州拥有较为不错的文化产业基础，且技术设备制造企业具有一定的规模，但其数字创意产业规划较为散乱，未能发挥自身在文化资源、人才、资本等方面的优势，也未能通过搭建港澳文化交流平台来吸引港澳地区的优秀创意人才，最终使得其数字创意产业发展较为滞后。因此，在“十四五”时期，广州需要重视发展数字创意产业的价值，着力推动产业结构调整，以数字技术赋能广府文化的传承发展。基于雄厚的制造业优势，广州还应大力发展数字文化装备制造业，为数字创意产业的发展搭建有效平台。

因此，城市数字创意产业的发展要因地制宜，不同城市发展不同类型的数字创意产业，避免同质化竞争。首先，各个城市要结合既有产业优势、文化资源和技术水平，以数字化赋能传统文化产业发展，培育和引进数字文化新业态。其次，培育城市独有的数字文化 IP，挖掘适应数字化改造的文化元素，设计具有城市特征的虚拟文化吉祥物和数字文化标识，围绕文化 IP 开发系列衍生产品。再次，充分发挥自身区位优势，吸收区域内部的要素资源，集聚区域合力壮大数字创意产业；辐射带动周边城市的数字创意产业发展，形成以城市群为载体的数字创意产业群。

二、破除区域要素壁垒，促进要素自由流动

生产要素是产业可持续发展的“血液”，对于各类要素高度集中的数字创意产业而言，区域间要素的自由流动以及高效的要素配置是其提升竞争力的重要保证。2020 年 4 月，中共中央、国务院印发的《关于构建更加完善的要素市场化配置体制机制的意见》全面论述了要素市场化配置的思路。其中，除了传统的土地、资本和劳动力三大要素外，与数字创意产业息息相关的技术和数据作为新兴要素也被纳入要素市场化的改革方案之中，足以显现出生产要素的重要性。

尽管四十多年的改革开放进程大大改善了我国的要素市场环境，但是当前仍然存在政策性和体制性的区域壁垒，阻碍了区域间要素的自由流动，造成无效率的要素配置。具体表现在以下几个方面：一是户籍制度和高昂的生活成本限制了劳动力的自由流动，尤其是对数字创意产业所需要的创意人才而言，生活质量是他们选择城市的重要参照，这就造成了创意人才的大量流失。二是技术开发和转化存在区域约束。技术能力是数字创意产业的基础层，关系到数字创意产品的设计和开发。由于每个城市的技术研发能力和相关人才储备不尽相同，因此需要通过要素流动促进技术成果转化，进而带动数字创意产业的创新。然而，许多城市对技术产权认证存在限制，同时也缺乏知识产权保护协作机制，制约了技术要素的自由流动。三是存在“所有制歧视”和“规模歧视”现象，即各类要素更倾向于流向风险较低、投资回报相对稳定的国有和头部数字创意企业，尽管一些中小数字创意企业的经营状况良好，但他们仍难以获得所需的文化要素。

鉴于以上情况，首先，要推进户籍制度改革，将优秀的数字创意人才纳入优先落户考核名单。鼓励企业提供保障性住房，以多元住房供给降低人才的生活成本，畅通人才流通的渠道。其次，建立城市间科技成果转化共享机制，推动科技成果赋能产业。通过联合执法、联席会议制度等形式，积极

开展知识产权的跨区域保护行动,解决行政分割造成的执法难、难执法问题。再次,建立健全数字创意企业信用评价体系。针对数字创意企业信用评价规范和标准缺失的现状,制定数字创意企业信用评价国家标准,通过信用评价体系解决数字创意企业融资难的问题。同时,要与银行等金融机构展开合作,建设数字创意企业信用共享平台,健全失信黑名单制度,形成守信联合激励和失信联合惩戒机制;对不同信用等级的主体进行分类监管,比如放松对 A 类企业(信用优秀)的监管,并优先为其提供信贷服务,而 D 类企业(信用极差)违法可能性高,就要增加对其检查频次,审慎评估借贷行为。

三、激发产业创新活力,打造企业发展梯队

只有形成合理的企业发展梯队,促进头部数字创意企业的持续健康发展,培育"专精特新"数字创意企业,才能推动城市数字创意产业竞争力不断提高。相反,产业垄断会削弱企业竞争的积极性,降低生产经营效率;而头部数字创意企业则会借助产品生态不断扩张自身的业务范围,通过并购、入股等方式获得潜力企业的控制权,进而压缩中小企业的生存空间。

2021 年 4 月 10 日,国家市场监督管理总局依法对阿里巴巴集团做出行政处罚,责令其停止违法行为,并处以其 2019 年销售额 4%(计 182.28 亿元)的罚款。2021 年 7 月 10 日,国家市场监督管理总局公告显示,由腾讯主导的虎牙斗鱼合并案被禁止。随着我国数字平台企业的不断壮大,国家对平台经济垄断的监管力度不断加强,构建头部企业与中小企业协调发展的多元格局是未来数字创意产业发展的根本任务。

一方面,充分发挥头部企业的带动作用。从企业效益这项指标可以看出,百度、阿里、腾讯等头部企业对其所在城市的数字创意产业具有极强的带动作用。比如深圳在企业效益指标衡量中脱颖而出,与腾讯集团发挥的头部带动作用密切相关,该企业在资产总额、年度总营收、总利润额这些二级指标中都占有极高的比重。而阿里的主营业务虽然不属于数字创意产业,但其对杭州的许多中小企业产生了积极影响。比如浙江省政府与阿里

巴巴集团合作开展的“春雷计划”,加速了浙江中小企业的数字化转型,引领产业链上下游协同发展。由此可见,头部企业呈现出强有力的带动作用是数字创意产业发展的重要特点。各城市不仅应积极壮大头部数字创意企业,更需要结合头部企业的优势,整合和拓展产业链,形成集群发展优势,这样才能规避风险,促进数字创意产业健康有序发展。

另一方面,培育和挖掘中小数字创意企业群。城市要结合既有产业优势和文化资源,通过数量众多的中小企业,占据数字创意产业的细分领域。知识密集和轻资产属性致使中小企业成为数字创意产业创新的源头,必须通过政府政策倾斜,为中小企业注入动力。一是要探索更加科学合理的财政投入方式。例如北京市文化创意产业专项资金取消了所有项目的补贴资金,转而实施“投贷奖”联动体系,有效地提升了资本配置效率。二是加大税收优惠力度,完善差别税收政策,对头部企业和中小企业实行差别税率,降低中小企业的生产成本。

后 记

《城市数字创意产业竞争力比较研究》一书得以出版,算是给我的博士后生涯画上了一个圆满的句号。我对“城市数字创意产业竞争力”这一问题的关注始于2018年,当时我的博士后导师祁述裕教授很有前瞻性地指出:“数字创意产业竞争力成为城市文化产业的核心竞争力,那么,在中国中心城市中,数字创意产业发展情况究竟如何,哪些城市处于领先地位,这是研究界需要弄清楚的话题。”受到导师的启发,加之我对数字技术的持续关注,我决定将博士后阶段的研究重点放在“城市数字创意产业竞争力”这一问题上。2019年,我带领团队对“北上广深杭”五城市的城市数字创意产业竞争力进行了研究,取得了一定的研究成果,导师和数位专家给予了好评,并为下一步研究提出了建议。2020年,我们将研究范围划定为七城市,在“北上广深杭”的基础上又加上了南京和成都两个颇具代表性的城市,并基于数据的操作性和可获得性进一步改进了评价的指标体系,且对数字创意产业的社会效益及社会影响力问题进行了尝试性探讨,最终我的研究成果在中央党校(国家行政学院)博士后出站报告答辩中获得了“优秀”。当然,这仍然只是城市数字创意产业竞争力研究的阶段性成果,数字创意产业集文化与技术于一体,在社会经济、文化发展和国际市场竞争中发挥着越来越重要的作用,该课题还有很多问题需要持续关注。

接下来,我要将我的后记用来纪念一下我的博士后时光。三年时间,倏忽一瞬,有太多的感谢需要表达。首先要感谢我单位领导包晓光教授的一再“要求”,迫使“随遇而安”的我做出这一改变人生轨迹的重大决定。然后要特别感谢我的博士后导师祁述裕教授，跟随祁老师学习是特别幸运的事，无论是做人还是做事，老师都为我树立了最好的榜样。“高山仰止，景行行止。虽不能至，然心向往之。”我想这就是导师之于学生最大的意义。

我要感谢我们这个研究团队的核心成员，也是我最亲爱的学生们，紫薇、佳华、闫烁、华秀、涵媛、江宇、燕萍、伟楠、敬贺、言悔、雅惠……因为你们我克服了很多困难，放弃了很多“我执”，慢慢把自己变成了自己越来越喜欢的模样。“郭姐勇敢飞，我们永相随”，我会把你们的爱时刻放在心上。

最后要感谢我的父母、爱人和我自己。感谢父母对我无微不至的照顾和全心全意的支持；感谢我的爱人对我无时无刻的鞭策和虽不甚了解但也试图理解的尊重；也感谢自己坚持做好人生的功课，努力学着“和自己的软肋长期共处”。

2022年7月

于西三环北路83号